Les infractions de harcèlement

Droit privé et sciences criminelles

Collection dirigée par Yves Strickler

Créée fin 2011 par Yves Strickler et le Centre d'études et de recherches en droit privé (devenu le Centre d'études et de recherches en droit des procédures en 2013) de la Faculté de droit et science politique de Nice, la présente collection a pour vocation principale de publier des ouvrages en liaison avec le thème retenu pour dénomination de la collection. Cette dernière rassemble des recherches originales, tirées notamment de travaux de recherche, de manifestations scientifiques ainsi que d'ouvrages collectifs sur les interrogations actuelles que rencontre la science juridique, spécialement dans le domaine du droit privé et des sciences criminelles.

Dernières parutions

Volonté et biens. Regards croisés (dir. Yves Strickler et Fabrice Siiriainen), 2013.
La réforme de la garde à vue (dir. Christine Courtin), 2013.
L'arbitrage. Questions contemporaines (dir. Yves Strickler et Jean-Baptiste Racine), 2012.
Le prix de la rupture. Au cœur des contentieux familiaux (dir. Laetitia Antonini-Cochin et Christine Courtin), 2012.

Sylvana Paradiso

Les infractions de harcèlement

L'Harmattan

5-7, rue de l'Ecole-Polytechnique, 75005 Paris

http://www.harmattan.fr
diffusion.harmattan@wanadoo.fr

ISBN : 978-2-343-01896-6
EAN : 9782343018966

Sommaire

INTRODUCTION

1. Les infractions pénales doivent être précisément définies, comme l'a rappelé le Conseil constitutionnel, saisi le 4 mai 2012[1] d'une question prioritaire de constitutionnalité relative à l'article 222-33 du Code pénal réprimant le harcèlement sexuel. Cet article définissait ce dernier comme « le fait de harceler autrui dans le but d'obtenir des faveurs de nature sexuelle ». Le Conseil constitutionnel a non seulement conclu à l'abrogation du délit pour inconstitutionnalité au regard de l'article 8 de la Déclaration des droits de l'homme et du citoyen[2], porteur du principe de légalité pénale, mais a également décidé de ne pas en reporter les effets dans le temps, comme le lui permet l'article 62 alinéa 2 de la Constitution. L'effet immédiat de l'abrogation, dès lors applicable aux procédures en cours, a déclenché un tollé auprès des associations féministes, qualifiant cette décision de symbole du recul historique du droit des femmes et tout un chacun criant au vide juridique. Face à cette indignation largement relayée par les médias, le gouvernement s'est empressé de soumettre un projet de loi, en engageant la procédure accélérée, sur la création d'un nouveau délit de harcèlement sexuel. C'est par une loi du 6 août 2012, en vigueur depuis le 8 août suivant, qu'a été rétabli le délit[3]. Sa récente abrogation au nom du principe de légalité, ainsi que la

---

[1] Décis. n° 2012-240 QPC ; KEREBEL (F.), Abrogation du délit de harcèlement sexuel : une décision courageuse, *Gaz. Pal.* 2012, n° 137, p. 9 ; ROULET (V.), *JCP S* 2012, n° 24, p. 28 ; ROUSSEAU (D.), *Gaz. Pal.* 2012, n° 297, p. 19 ; VERON (M.), La création d'un vide juridique ? *Dr. pén.* 2012, comm. 83.

[2] Déclaration des droits de l'homme et du citoyen du 26 août 1789.

[3] Loi n° 2012-954 du 6 août 2012 relative au harcèlement sexuel. V. CERF-HOLLENDER (A.), Imprécis et imprévisible délit de harcèlement sexuel, *RSC* 2012. 380 ; CONTE (P.), *Invenias disjecti membra criminis* : lecture critique de la nouvelle définition du harcèlement sexuel, *Dr. pénal* 2012, étude 24 ; DETRAZ (S.), Harcèlement sexuel : justification et portée de l'inconstitutionnalité, *D.* 2012. 1372 ; DREYER (E.), Commentaire des dispositions de la Loi du 6 août 2012 relative au harcèlement sexuel, *Gaz. Pal.* 2012, n° 301, p. 8 ; Que veut-on protéger au titre du harcèlement sexuel ?, *JCP G* 2012, n° 1057, p. 1805 ; LEBORGNE-INGELAERE (C.), Le harcèlement sexuel dans le Code du travail depuis la Loi du 6 août 2012 : entre avancées et imperfections, *JCP S* 2012, n° 40, p. 12 ; MARECHAL (J.-Y.), Harcèlement sexuel : nouvelle définition et nouvelles malfaçons, *JCP G* 2012, n° 37, p. 1610 ; MOUREY (L.), Les délits de harcèlement sexuel et de discrimination : retour sur une difficile association, *LPA* 2012, p. 6 ; ROUMIER (W.), Le délit de harcèlement sexuel rétabli par la loi, *Dr. pénal* 2012, alerte 41.

nouvelle définition adoptée par le législateur, sont l'occasion de s'interroger plus globalement sur la notion de harcèlement et d'examiner les infractions dont la définition des éléments constitutifs dépend de cette notion.

2. Afin de saisir plus aisément la notion de harcèlement, il est nécessaire de se familiariser avec le sens commun de ce terme. Étymologiquement, il pourrait provenir de « herser » qui au sens figuré signifierait tourmenter, comme la herse tourmente la terre. D'ailleurs, d'après le dictionnaire Littré, harceler signifie « tourmenter, inquiéter par de petites, mais de fréquentes attaques ». Quant au dictionnaire Larousse, il propose trois exemples de définitions qui se recoupent les unes avec les autres. Il s'agit de soumettre quelqu'un, soit à d'incessantes petites attaques, soit à des demandes, des critiques, des réclamations continuelles, soit enfin de le soumettre à de continuelles pressions, sollicitations. Il ressort de ces différentes définitions qui sont finalement très proches, deux éléments : un élément temporel, c'est-à-dire une répétition s'inscrivant dans la durée, et un élément relatif à la nature de l'acte lui-même, qui peut être constitué par des pressions, des attaques, des critiques, voire des sollicitations. Harceler rejoint donc, au sens commun du terme, l'idée de malmener, de tourmenter la victime par la persévérance, cette persécution étant naturellement de nature à provoquer chez la victime des agissements répétés, une certaine usure. L'auteur des agissements, pouvant chercher à travers ce harcèlement à faire céder la victime et ainsi indirectement, par une pression continuelle exercée à son encontre, à la contraindre à agir conformément à sa volonté. C'est, par exemple, le cas de l'employeur qui harcèle son employé afin de le pousser à démissionner pour s'épargner le coût plus élevé d'un licenciement, ou de l'individu qui, par des agissements successifs espère obtenir de la part du harcelé des faveurs de nature sexuelle.
Toutefois, la poursuite d'un objectif particulier n'est pas un élément inhérent à la définition commune du harcèlement, car ce dernier peut parfaitement exister du fait de critiques ou de sollicitations répétées mettant simplement à mal la victime, sans pour autant chercher à obtenir d'elle un avantage ou un comportement particulier. En revanche, la notion de soumission de la victime à l'égard de l'auteur, qui rejaillit des définitions précitées, est un trait fondamental de la définition et implique qu'il n'y a de harcèlement que lorsque la personne sollicitée est en quelque sorte contrainte de subir les divers

agissements. Encore faut-il s'interroger sur ce qui placerait la victime dans une telle situation. Le verbe « soumettre » présupposant évidemment la soumission du harcelé et corrélativement la domination du harceleur, il est nécessaire d'envisager les diverses causes qui seraient une possible source de domination. Celle-ci pourrait notamment provenir de la supériorité hiérarchique du harceleur lorsque les faits de harcèlement s'inscrivent dans une relation de travail[4]. Elle pourrait également avoir pour origine la supériorité économique de l'auteur, couplé à la dépendance économique de la victime ou, enfin, être purement psychologique.

3. En revanche, la notion de harcèlement ne fait l'objet d'aucune définition générale sur le plan juridique, que ce soit dans le Code pénal, dans d'autres dispositions législatives ou au niveau jurisprudentiel. Toutefois, certaines pistes de définition juridique peuvent être déduites des éléments constitutifs qui définissent ponctuellement, dans la partie spéciale du Code pénal, telle ou telle infraction que le législateur a délibérément et expressément qualifiée de harcèlement.

Ainsi en est-il concernant le harcèlement moral ou le harcèlement au sein du couple, pour lesquels les articles 222-33-2 et 222-33-2-1 du Code pénal exigent respectivement des agissements répétés, ou pour le harcèlement sexuel assimilé, issu de la loi du 6 août 2012, pour lequel au contraire un acte unique est suffisant à la caractérisation du délit. Force est de constater que ces pistes de définition se placent sous le signe de la contradiction, et que certaines des infractions dites de harcèlement par le législateur ne correspondent pas pour autant à la définition commune du harcèlement.

Au contraire, certaines infractions qui ne portent dans la définition de leurs éléments constitutifs nulles traces du verbe harceler ou du mot harcèlement, se rapprochent pourtant de la notion de harcèlement au sens commun du terme, notamment, mais pas seulement, parce qu'elles exigent ou sous-entendent une répétition du comportement et méritent à ce titre d'être étudiées en tant que tel. Cela vaut pour le délit d'appels téléphoniques malveillants, introduit par la loi du

[4] Sur le plan juridique aucun délit de harcèlement n'exige cette supériorité hiérarchique, cette condition ayant été supprimée depuis 2002 concernant le harcèlement sexuel qui peut dorénavant être descendant, ascendant ou horizontal.

22 juillet 1992[5] et qualifié par certains auteurs de persécution[6] voire de harcèlement téléphonique[7]. Il en est de même pour le délit de pratiques commerciales agressives[8] dont l'une des manifestations a trait au harcèlement. En revanche, si la menace verbale simple doit être réitérée pour être répréhensible, conformément aux dispositions de l'article 222-17 alinéa 1er du Code pénal, elle n'a rien à voir avec un quelconque comportement de harcèlement. En effet, celle-ci n'étant ni écrite ni matérialisée de quelques façons que ce soit, ni conditionnée, le législateur a considéré qu'en l'absence de réitération, elle n'atteignait pas un seuil de gravité suffisant pour être pénalement sanctionnée. Toutefois, elle ne peut s'analyser en une persécution par des agissements répétés, provoquant une usure chez la victime et en conséquence, ne peut être assimilable dans son contenu à une infraction de harcèlement[9].
Il y a donc lieu de distinguer deux types d'infractions qui méritent d'être étudiés dans le cadre de la tentative d'élaboration d'une définition juridique du harcèlement. D'une part, celles qui portent expressément le nom de harcèlement et qui sont de ce fait formellement consacrées comme tel par le Code pénal. Elles sont au nombre de quatre : le harcèlement sexuel à proprement parler et le harcèlement sexuel assimilé, le harcèlement moral et le harcèlement conjugal. D'autre part, celles qui, sans en porter le nom, en ont commun son contenu et correspondent dès lors substantiellement à une infraction de harcèlement. Il s'agit des appels téléphoniques malveillants et des pratiques commerciales agressives.

4. Qu'ils soient consacrés formellement ou substantiellement, les six délits de harcèlement précités sont des infractions relativement jeunes puisque apparues à partir des années 1990. En effet, depuis lors, les infractions de harcèlement n'ont pas cessé de fleurir. Le délit de harcèlement téléphonique est créé dès 1992, tout comme celui de

---

[5] Loi n° 92-684 du 22 juillet 1992 portant réforme des dispositions du Code pénal relatives à la répression des crimes et délits contre les personnes.

[6] CONTE (P.), Droit pénal spécial, *LexisNexis*, 4e éd., 2013, index alphabétique.

[7] PRADEL (J.), Droit pénal spécial, *Cujas*, 5e éd., 2010, table des matières ; MARECHAL (J.-Y.), note sous Crim. 4 mars 2003, n° 02-86.172, *JCP G* 2003. II. 10112, Harcèlement téléphonique : quand la perversité devient malveillance.

[8] Art. L. 122-11 s. C. consommation.

[9] V. *infra*, n° 15.

harcèlement sexuel[10], qui à l'origine ne devait pas figurer dans le Code pénal de 1992 : rajouté au dernier moment par un amendement législatif, il s'est fait l'écho des mouvements féministes des années 1980 et de la communication européenne sur le sujet[11]. Dès 1998, le texte a été complété, le harcèlement sexuel pouvant dès lors se manifester par l'existence de « pressions graves »[12]. Puis, en 2002, la réduction des éléments constitutifs du harcèlement sexuel a été l'occasion, pour la loi de modernisation sociale[13], de créer le délit de harcèlement moral. Après six ans de répit, la loi du 3 janvier 2008[14] a donné naissance au délit de pratiques commerciales agressives, aussitôt modifié, le 4 août de la même année, par la loi de modernisation de l'économie[15]. Rapidement, la volonté de lutter contre les violences faites aux femmes a provoqué l'éclosion, le 9 juillet 2010[16], du délit de harcèlement psychologique au sein du couple. Enfin, le 6 août 2012, après une mort juridique de deux mois et deux jours, a été ressuscité le délit de harcèlement sexuel, désormais scindé en deux délits distincts, à savoir le harcèlement sexuel par agissements répétés, d'une part, et le harcèlement sexuel par acte unique, d'autre part. Quant au délit d'agressions sonores, il n'est pas opportun de l'étudier dans le cadre d'une réflexion sur la notion de harcèlement, dès lors qu'il ne peut ni correspondre à une infraction de harcèlement au sens formel, dans la mesure où il n'a pas été dénommé comme tel par la législateur, ni répondre à une forme substantielle de harcèlement, puisque l'exigence de réitération a été supprimée par la loi du 18 mars 2003 pour la sécurité intérieure[17].

---

[10] V. Loi n° 92-684 du 22 juill. 1992 portant réforme des dispositions du Code pénal relatives à la répression des crimes et délits contre les personnes.

[11] Recommandation 84/635/CEE du Conseil du 13 déc. 1984 relative à la promotion des actions positives en faveur des femmes et recommandation de la Commission des Communautés européennes du 27 nov. 1991 sur la protection de la dignité des femmes et des hommes au travail, JOCE n. L. 49il.

[12] Loi n° 98-468 du 17 juin 1998 relative à la prévention et à la répression des infractions sexuelles ainsi qu'à la protection des mineurs.

[13] Loi n° 2002-73 du 17 janv. 2002 de modernisation sociale.

[14] Loi n° 2008-3 du 3 janv. 2008 pour le développement de la concurrence au service des consommateurs.

[15] Loi n° 2008-776 du 4 août 2008 de modernisation de l'économie.

[16] Loi n° 2010-769 du 9 juill. 2010 relative aux violences faites spécifiquement aux femmes, aux violences au sein des couples et aux incidences de ces dernières sur les enfants.

[17] Loi n° 2003-239 du 18 mars 2003 pour la sécurité intérieure.

5. Le contenu de l'ensemble de ces délits de harcèlement a été fortement influencé par les dispositions européennes. Concernant la nouvelle définition du harcèlement sexuel, elle reprend presque mot pour mot la directive du 9 février 1976[18] telle que modifiée par celle du 23 septembre 2002[19], qui décrit le harcèlement sexuel comme « la situation dans laquelle un comportement non désiré à connotation sexuelle, s'exprimant physiquement, verbalement ou non verbalement, survient avec pour objet ou pour effet (...) de créer un environnement intimidant, hostile, dégradant, humiliant ou offensant ». La définition élaborée dans cette directive est elle-même largement inspirée du droit anglo-américain. En effet, la Commission américaine sur l'égal accès à l'emploi (*Equal Employment Opportunity Commission*) a posé les lignes directrices d'interprétation de la loi fédérale de 1974 sur les droits civils, qui prohibe les discriminations en raison du sexe[20]. Cette commission a précisé que « constituent du harcèlement sexuel des avances sexuelles importunes, des sollicitations de faveurs sexuelles et tout autre comportement verbal ou physique de nature sexuelle », lorsqu'un tel comportement a notamment « pour objet ou pour effet de créer un environnement de travail intimidant, hostile ou offensant »[21]. Quant au harcèlement moral, sa création a entre autres été inspirée par la Charte sociale européenne du 3 mai 1996 qui, en son article 26, obligeait les États membres « à promouvoir la prévention en matière d'actes condamnables ou explicitement hostiles et offensifs dirigés de façon répétée contre tout salarié sur le lieu de travail ou en relation avec le travail », sans toutefois les contraindre à adopter en la matière une disposition pénale.

S'agissant du délit de pratiques commerciales agressives, sa naissance est une conséquence de la directive du 11 mai 2005[22], qui a pour la première fois prévu un encadrement des pratiques dites agressives au niveau européen. Cette directive, en son article 8, affirme

---

[18] Directive 76/207/CEE du Conseil du 9 févr. 1976 relative à la mise en œuvre du principe de l'égalité de traitement entre hommes et femmes en ce qui concerne l'accès à l'emploi, à la formation et à la promotion professionnelles, et les conditions de travail.

[19] Directive 2002/73/CE du parlement européen et du conseil du 23 sept. 2002.

[20] Art. 703 du titre VII de la Loi fédérale de 1964 sur les droits civils.

[21] *Code of Federal Regulations*, Title 29- *labor*, § 1604.11 : *sexual harassment.*

[22] Directive 2005/29/CE du 11 mai 2005 relative aux pratiques commerciales déloyales des entreprises vis-à-vis des consommateurs dans le marché intérieur et modifiant les directives 84/450/CEE, 97/7/CE, 98/27/CE et 2002/65/CE et le règlement (CE) n° 2006/2004 (directive sur les pratiques commerciales déloyales).

expressément que de telles pratiques peuvent se manifester par un fait de « *harcèlement* ».

6. Il est à noter que le principe de primauté des dispositions de l'Union européenne sur le droit national, proclamé par la Cour de justice dans l'affaire *Costa contre E.N.E.L*[23] et réaffirmé récemment à l'occasion d'un renvoi préjudiciel sur la compatibilité entre la procédure de question prioritaire de constitutionnalité et le droit de l'Union[24], s'applique aussi bien aux traités fondateurs qu'au droit dérivé. La force obligatoire des directives ci-dessus énoncées est donc portée par ce principe fondamental du droit de l'Union. Cependant, si ces directives posent un objectif de prévention et de lutte contre divers comportements pernicieux, que ce soit dans les relations de travail ou en matière de consommation, elles laissent aux États la liberté des moyens pour y parvenir. Il résulte de ce constat que rien ne contraignait la France à adopter, dans ces différents domaines encadrés à l'échelle européenne, des dispositions à caractère pénal, les États membres ayant la possibilité d'opter entre des normes de nature civile ou pénale. D'ailleurs, plusieurs pays dont l'Italie, les Pays-Bas, le Portugal, l'Allemagne, le Danemark et la Suède, ont choisi de ne pas sanctionner pénalement les comportements constitutifs de harcèlement sexuel, à l'inverse de l'Espagne et de la Belgique. De plus, parmi les Etats qui ont actuellement transposé la directive du 23 septembre 2002[25], tous, à l'exception de la France, l'ont fait par le biais de dispositions exclusivement civiles[26]. Il est vrai que, le parlement français avait, dès 1992, introduit la notion de harcèlement sexuel concomitamment dans le Code du travail et dans le Code pénal. Ainsi, à la suite de l'abrogation du délit par le Conseil constitutionnel, le législateur a, une fois n'est pas coutume, à nouveau opté pour l'appréhension du harcèlement sexuel sous le prisme pénal.

---

[23] CJCE 15 juill. 1964, *Flaminio Costa c./ Enel*, demande de décision préjudicielle : *Giudice conciliatore di Milano c./ Italie*, aff. n° 6/64, Rec. 1964. 0114.

[24] CJCE 22 juin 2010, *Aziz Melki et Sélim Abdeli*, aff. jointes C-188/10 et C-189/10 ; Simon (D.), *RCDIP* 2011, p. 1 s. : Les juges et la priorité de la question prioritaire de constitutionnalité : discordance provisoire ou cacophonie durable ?

[25] L'Espagne et la Belgique ne l'ont pas encore transposée.

[26] Etude de législation comparée du Sénat n° 225 du 14 juin 2012 sur les définitions du harcèlement sexuel.

7. Il est évident qu'en droit français, la pénalisation des comportements, y compris de ceux qui touchent de près ou de loin au harcèlement, est particulièrement en vogue. S'inscrivant dans un mouvement général de bourgeonnement législatif, les infractions pénales se multiplient rapidement[27]. Toutefois, la prolifération des textes pénaux n'est pas synonyme de qualité quant à leur contenu, ces deux caractéristiques paraissant au contraire plutôt antinomiques, voire obéissant à un schéma de proportionnalité inversée, si bien que, plus le nombre de lois s'accroît, plus leur qualité semble décroître. Ce phénomène est d'autant plus frappant lorsque s'y associe un climat de précipitation. Le harcèlement sexuel, en est une illustration fulgurante, celui-ci ayant fait l'objet de quatre modifications consécutives. Il découle d'ailleurs de la dernière modification, esquissant *a priori* une définition plus précise que la précédente, un rapprochement entre la définition française du harcèlement et la définition anglo-américaine, englobant ainsi une palette de comportements plus large que la rédaction originaire du délit par le Code pénal français ne le permettait. Il en est de même à propos de la loi sur les pratiques commerciales qui, une fois promulguée, fut aussitôt modifiée. Ce harcèlement législatif, que d'aucuns qualifient de « réformite aiguë »[28], est malheureusement le seul type de harcèlement à n'être pas sanctionné par le Code pénal. Inévitablement, la modification à plusieurs reprises d'une même infraction occasionne des problèmes de conflits de lois dans le temps, auxquels s'ajoutent des difficultés relatives à la qualité de la norme pénale, qui en vertu du principe de légalité et de son corollaire, celui de clarté, doit être formulée de façon claire et précise. Le Conseil constitutionnel a d'ailleurs érigé ce principe de clarté, tout comme celui d'accessibilité et d'intelligibilité de la loi, au rang d'objectifs de valeur constitutionnelle[29].

8. Si tous ces principes n'impliquent pas nécessairement une identité entre la définition juridique d'une notion et son sens commun, une définition unifiée du harcèlement, conforme à son sens courant, serait pourtant favorable à une meilleure lisibilité des différents délits

---

[27] En ce sens : MALABAT (V.), DE LAMY (B.) et GIACOPELLI (M.), La réforme du Code pénal et du Code de procédure pénale, Opinio doctorum, *Dalloz*, éd. 2009.
[28] AMBROISE-CASTEROT (C.), Les nouvelles pratiques commerciales déloyales après la Loi LME du 4 août 2008, *AJ Pénal* 2009, p. 22 s.
[29] Décision n° 99-421 DC du 16 déc. 1999 ; GIUDICELLI (A.), Le principe de la légalité en droit pénal français, *RSC* 2007. 509.

de harcèlement et participerait ainsi de la transparence et de la compréhension de l'interdit pénal. Or, le législateur, en nommant harcèlement ce qui n'en est pas et en ne nommant pas harcèlement ce qui en est, complique inutilement les dispositions pénales et creuse un peu plus le fossé d'incompréhension qui sépare les citoyens du droit et de la justice. L'élaboration décousue des délits de harcèlement au fil des sujets politisés et médiatisés du moment, n'est pas pour rien dans le manque de cohérence qui transparait de la dénomination et de la définition de ces infractions. Cette incohérence contribue, par la complexification qu'elle engendre, à maintenir une relative insécurité juridique. Associée à la surexploitation du droit pénal, qui se matérialise par un recours démesuré à celui-ci, elle tend à le décrédibiliser quant à son rôle préventif.

Cette incohérence se manifeste au travers de **l'hétérogénéité des éléments constitutifs des divers délits de harcèlement** (Partie I) tout en étant à l'origine de **la disparité des effets issus de la pénalisation du harcèlement** (Partie II).

Partie I

L'hétérogénéité des éléments constitutifs du harcèlement

9. Les délits et les crimes nécessitent traditionnellement la réunion de deux éléments : un élément matériel qui reflète la dimension objective de l'infraction, dès lors qu'il porte sur le comportement de l'auteur, et un élément moral qui en révèle la dimension subjective, puisqu'il renvoie à la culpabilité de l'auteur des faits. En revanche, cet élément moral ne saurait renvoyer à la conscience qu'a eue le harceleur dans l'accomplissement des agissements, c'est-à-dire à sa capacité de discernement, dont la prise en compte n'a lieu d'intervenir qu'au stade de la détermination de sa responsabilité et non au moment de la caractérisation de l'infraction. La difficulté provient du fait que les éléments constitutifs de chacun des délits de harcèlement sont loin de posséder un contenu identique, si bien qu'il est impossible de dégager des caractéristiques communes à l'ensemble de ces délits : cette absence d'homogénéité des critères exclut l'identification d'un concept unique de harcèlement sur le plan juridique. Il est certain que les incohérences relatives à l'élément matériel (Chapitre 1) et les incertitudes relatives à l'élément moral (Chapitre 2) participent simultanément de cette hétérogénéité.

Chapitre 1. - Les incohérences relatives à l'élément matériel

10. Si, dans son sens courant, le harcèlement implique nécessairement la constatation d'agissements répétés, il en va différemment sur le plan juridique. Alors qu'en matière de harcèlement commercial, moral, conjugal et sexuel à proprement parler tel qu'issu de la loi du 6 août 2012, le Code pénal exige des sollicitations ou des agissements « répétés » et des « appels réitérés », concernant le harcèlement téléphonique, un « acte unique » est en revanche suffisant pour constituer le délit de harcèlement sexuel assimilé. Cette distinction a nécessairement des conséquences sur la matérialité de ces divers délits, qui n'ont de ce fait pas la même nature juridique. Les auteurs relient traditionnellement le harcèlement par actes répétés ou réitérés à la catégorie des infractions d'habitude et quelques fois, s'agissant du harcèlement téléphonique, à la notion de réitération, une distinction étant parfois établie entre ces deux concepts. Il est ainsi indispensable de délimiter le champ recouvert par les concepts d'habitude et de réitération (Section 1), en les définissant précisément afin d'infirmer la correspondance entre leur contenu et celui du harcèlement, et cela dans l'unique objectif de faire émerger la singularité conceptuelle du harcèlement (Section 2).

Section 1. - La conceptualisation traditionnelle des infractions par agissements répétés

11. Les infractions impliquant la matérialisation d'agissements répétés sont traditionnellement conceptualisées au travers de la notion d'habitude et parfois de réitération. Si ces deux concepts portent en eux l'exigence commune d'une indispensable répétition du comportement afin que leur auteur soit pénalement poursuivi, il est toutefois légitime de se demander, au-delà de ce seul critère, jusqu'à quel point les concepts sont assimilables. Il est nécessaire d'appréhender, dans un premier temps, la notion d'habitude (§ 1er) puis dans un second temps, d'appréhender celle de réitération (§ 2) afin d'examiner si elle est ou non identique à l'habitude.

§ 1er. - L'appréhension de la notion d'habitude

12. Communément, l'habitude est définie comme une « manière de faire, [un] comportement créé chez quelqu'un par une action répétée »[30]. Sur le plan juridique, certaines infractions présentes dans le Code pénal[31] ou ailleurs[32] font référence à la notion d'habitude par l'emploi du terme *habituel* ou *habituellement*, celle-ci pouvant être, tantôt une condition de la répression, tantôt une circonstance aggravante d'infraction[33].

Toutefois, elle ne fait l'objet d'aucune véritable définition dans le Code pénal ou dans d'autres dispositions. En effet, le Code pénal définit uniquement en son article 132-16-7, alinéa 1er, la réitération d'infractions, autrement dit, le fait pour une personne déjà condamnée définitivement pour un crime ou un délit de commettre une nouvelle infraction qui ne répond pas aux conditions de la récidive légale. Or, les délits de harcèlement, à l'exception du harcèlement sexuel assimilé, exigent une répétition de l'acte, sans laquelle l'infraction n'est justement pas constituée et, si le Code pénal pose les conditions de la réitération d'infractions, il ne porte ni sur la notion d'habitude ni sur la réitération du comportement. La définition juridique de l'habitude a donc été développée par une action conjuguée de la jurisprudence et de la doctrine : la première en a posé les conditions, la seconde en a tiré les conclusions.

La doctrine est unanime sur le fait que l'infraction d'habitude est celle qui nécessite pour sa caractérisation une pluralité d'actes de nature identique, alors que l'infraction complexe exige une pluralité d'actes, mais de nature différente[34]. Quant à la jurisprudence, elle a toujours estimé que deux actes suffisent à constituer l'habitude[35]. Ainsi, la chambre criminelle de la Cour de cassation a pu juger que la circonstance aggravante d'habitude est caractérisée par au moins deux

---

[30] V. Dictionnaire Larousse.

[31] V. par ex. art. 433-21 C. pén., sur la célébration habituelle de mariages religieux sans mariage civil préalable.

[32] V. par ex. art. L. 4161-3 CSP, sur l'exercice illégal de la profession de médecin ou de sage-femme.

[33] V. par ex. art. 222-14, al. 1er C. pén., relatif aux violences habituelles sur mineur.

[34] V. par ex. CONTE (P.) et MAISTRE DU CHAMBON (P.), Droit pénal général, *Armand colin*, 7e éd., 2004, n° 209 ; DREYER (E.), Droit pénal général, *LexisNexis*, 2e éd., 2012, n° 617 à 620 ; MAYAUD (Y.), Droit pénal général, *PUF*, 3e éd., 2010, n° 173.

[35] Crim. 27 févr. 1864, *S.* 1864. 1. 341 ; Crim. 24 mars 1944, *Gaz. Pal.* 1944, 1, 254.

actes de contrefaçon[36], à moins que la loi ne précise elle-même les conditions de l'habitude, en imposant un nombre minimal d'actes pour sa caractérisation, tels que le prévoyait la loi sur la police des chemins de fer[37]. Il était en effet prévu que l'habitude, constituée par plus de dix contraventions sur une période inférieure ou égale à douze mois, permettait de passer de simples contraventions à la commission d'un véritable délit, dont la peine maximale encourue était de six mois d'emprisonnement et de 7 500 euros d'amende. Cette disposition ayant été abrogée depuis le 1er décembre 2010, il n'existe actuellement plus aucune hypothèse dans laquelle la caractérisation de l'habitude est soumise à la répétition d'un nombre précisément chiffré de comportements.

13. Au-delà de la question touchant à la quantité d'actes nécessaires à la constitution de l'habitude, une autre interrogation se pose concernant la victime des agissements, à savoir si l'habitude implique ou non une identité de victime. Une fois de plus, en l'absence de précision des textes pénaux, la Cour de cassation a dû formuler elle-même la solution. Ainsi, dans l'arrêt *Dame Delaporte* du 31 janvier 1850[38], la chambre criminelle a posé le principe selon lequel l'« habitude peut évidemment résulter, soit de faits (...) répétés à différentes époques envers la même personne, soit des mêmes faits successivement pratiqués envers des personnes différentes ». L'indifférence quant à l'identité de la victime des agissements a été confirmée à plusieurs reprises ; elle est consacrée par une jurisprudence constante[39]. Cette solution est en adéquation avec la notion même d'habitude, celle-ci ayant vocation à s'apprécier à l'égard de l'auteur, la répétition de l'acte n'étant pénalement sanctionnée que parce qu'elle dévoile une perversité qu'un acte isolé ne livre pas de lui-même[40], indifféremment de la personne qui en subit les conséquences.
Certaines infractions du Code pénal ne font pas référence à la notion d'habitude, mais impliquent néanmoins une répétition du

---

[36] Crim. 5 déc. 1991, n° 90-86.162.
[37] Art. 24-1, Loi du 15 juill. 1845.
[38] Crim. 31 janv. 1850, Bull. crim. n° 40.
[39] Crim. 17 juill. 1924, Bull. crim. n° 289 ; 10 janv. 1930, *S.* 1931. 1. 158 ; 24 juill. 1967, Bull. crim. n° 235 ; 9 déc. 1993, Bull. crim. n° 379 ; *RSC* 1994. 550, obs. BOULOC (B.).
[40] V. en ce sens MAYAUD (Y.), *op. cit.*, n° 173.

comportement dès lors qu'elles renvoient expressément au concept de réitération.

§ 2. - L'appréhension de la notion de réitération

14. Si plusieurs articles du Code pénal renvoient à la notion de réitération, tel que les articles 222-16 et 222-17 qui érigent respectivement en infractions « les appels téléphoniques malveillants réitérés » et « la menace (…) réitérée », le droit pénal n'en propose aucune définition. S'agissant tout d'abord du nombre minimal de comportements requis, il est évident que deux actes suffisent à constituer une réitération, cette dernière se définissant couramment comme l'action de réitérer, soit de faire à nouveau[41]. À propos du délit d'appels téléphoniques malveillants, la chambre criminelle a en conséquence logiquement jugé que deux appels successifs permettent de caractériser la réitération[42]. Concernant ensuite le délai requis entre chaque comportement réitéré, la chambre criminelle a, le 26 février 2002[43], approuvé la décision des juges du fond retenant qu'aucun délai n'étant prévu par l'article 222-17 concernant la réitération de la menace simple non conditionnée, les menaces réalisées successivement dans un laps de temps très court devaient être considérées non pas comme un seul et même comportement, mais comme plusieurs agissements distincts, caractérisant ainsi la réitération. Au sujet, enfin, de l'identité de victime, la jurisprudence est en revanche beaucoup plus incertaine. En effet, les solutions adoptées par la Cour de cassation divergent selon que le délit visé est celui de menaces ou celui d'appels téléphoniques, si bien qu'est entretenue une profonde contradiction en la matière. Si la chambre criminelle a estimé que les menaces contre les personnes doivent être réitérées à l'égard de la même victime[44], elle a au contraire affirmé que deux appels successifs, même effectués à des destinataires différents, suffisent à caractériser la réitération[45]. Quant aux juges du fond, ils adoptent une solution encore différente, la cour d'appel de Toulouse

---

[41] V. dictionnaire Larousse en ligne.

[42] MAYAUD (Y.), Crim. 4 mars 2003, n° 02-86.172, *RSC* 2003. 788, Malveillance téléphonique et surveillance de la Cour de cassation.

[43] Crim. 26 fév. 2002, Bull. crim. n° 43.

[44] VERON (M.), Crim. 24 oct. 2007, n° 07-83.726, *Dr. pénal* 2008, n° 2, comm. 19, La réitération des menaces dans le temps et dans l'espace.

[45] MAYAUD (Y.), Crim. 4 mars 2003, n° 02-86.172, réf. préc.

ayant considéré que s'agissant des menaces de destruction contre les biens, la réitération n'a pas à opérer envers la même personne[46].

15. Il est difficile d'entrapercevoir la logique ayant présidé à ces solutions brumeuses. En réalité, seules deux options sensées s'offraient à la Cour de cassation. D'une part, celle qui consiste à considérer que les appels téléphoniques malveillants et les menaces doivent être soumis aux mêmes conditions de caractérisation en vertu de leur référence commune à la notion de réitération et, dans ce cas, peu importe que l'acte soit réitéré envers la même victime, étant donné que la réitération se défini simplement comme le fait de faire à nouveau. D'autre part, celle qui conduit à exiger une identité de victime exclusivement pour les appels téléphoniques malveillants, dans la mesure où malgré sa référence à la réitération, ce délit sanctionne en réalité une forme de harcèlement, mais par un mode particulier qu'est la communication téléphonique. Or, c'est dans une troisième voie que s'est égarée la chambre criminelle, puisqu'elle impose une identité de victime uniquement en matière de menace, alors que les menaces ne constituent quant à elles, pas un comportement de harcèlement, comme cela a déjà été ébauché plus tôt[47]. En effet, dans le cadre des menaces c'est uniquement l'appréciation de la psychologie de l'auteur qui est prise en compte : une menace écrite ou conditionnée n'a pas besoin d'être réitérée pour être sanctionnée, à l'inverse de la menace prononcée oralement. Pourtant, cette dernière n'en est pas forcément moins néfaste pour la victime. Simplement, la menace orale non conditionnée, peut être prononcée sous l'impulsion du moment, sans que la personne ait eu le temps d'analyser la portée de ses propos, d'où certainement la volonté du législateur de ne prévoir une sanction pénale qu'à partir du second comportement. Au contraire, la menace écrite ou matérialisée, implique de la part de l'auteur, la possibilité d'une prise de conscience quant à la portée de son acte et de décider, malgré tout, de poursuivre dans cette voie. Il en est de même pour la menace sous condition, qui traduit un chantage et révèle de fait une sorte de calcul dans les propos émis. Les deux hypothèses précitées traduisent ainsi une perniciosité accrue de l'auteur de la menace. En conséquence, le constat que la

---

[46] VERON (M.), CA Toulouse, 3e ch., 21 oct. 2008, *Dr. pénal* 2009, n° 2, comm. 19, Menaces réitérées, mais envers plusieurs victimes distinctes.

[47] V. *supra*, n° 3.

victime est la même ou un individu différent, n'a aucune raison de jouer dans la matérialisation de l'infraction, dont la répétition ne devrait logiquement s'apprécier qu'à l'égard de l'auteur. *A contrario*, il découle de la nature même du harcèlement, une nécessaire appréciation de la répétition du côté de la victime.

16. Quoi qu'il en soit, le concept de réitération parait relativement proche de celui d'habitude. Pourtant, d'aucuns semblent considérer qu'en matière de « réitération, il est moins question de régularité que d'accentuation, de constance que d'insistance ». Si bien qu'à l'inverse de l'habitude, la réitération « n'a pas à se manifester par une suspension spatio-temporelle plus ou moins prononcée entre les actes qui la caractérisent »[48]. Qu'il s'agisse d'un unique concept, maladroitement désigné par le législateur au moyen de deux termes différents ou de concepts réellement distincts, la réitération parait tout de même assimilable à l'habitude, ne serait-ce que concernant le nombre minimal de comportements requis, fixé à deux par la jurisprudence. S'ajoute le fait que la notion de réitération, à l'instar de l'habitude, ne parait pas imposer en elle-même que les actes commis s'effectuent à l'encontre de la même victime et ce, en dépit des errements de la chambre criminelle sur ce point. Toutefois, il est à noter que le terme *réitéré* est notamment employé s'agissant des appels téléphoniques malveillants qui paraissent pourtant relever de la catégorie des infractions de harcèlement[49], ce qui contribue à semer le trouble et autorise à s'interroger sur la capacité de la notion de réitération à renvoyer à une signification précise.

17. Que la réitération soit ou non synonyme habitude, il est certain que le harcèlement, de par les exigences qui découlent de sa nature propre et qui font toute sa singularité, ne peut qu'être autonome à l'égard de ces concepts ; si bien que les notions d'habitude et de réitération semblent plus proches entre elles que ne l'est le harcèlement à leur égard.

---

[48] MAYAUD (Y.), note sous Crim. 4 mars 2003, n° 02-86.172, *RSC* 2003. 788, préc.

[49] V. par ex. Pau, 14 avril 2004, *JCP* G 2004, IV, 2995.

Section 2. - La singularité conceptuelle du harcèlement

18. La singularité conceptuelle du harcèlement à l'égard des notions d'habitude et de réitération se manifeste dans deux hypothèses. D'une part, lorsqu'il implique une répétition du comportement (§ 1er), dans la mesure où, au-delà de ce point commun avec l'habitude et la réitération, il impose des exigences différentes. D'autre part, en ce qui concerne le harcèlement sexuel assimilé, car ce délit formellement qualifié de harcèlement par le législateur ne remplit pas la condition de répétition imposée par l'habitude ou la réitération, puisqu'un agissement unique est suffisant quant à sa caractérisation (§ 2).

§ 1er. - Le harcèlement par agissements répétés

La difficile intégration du harcèlement par agissements répétés au sein des concepts traditionnels (A) que sont l'habitude et la réitération, conduit à en déduire l'autonomie (B).

A. La difficile intégration du harcèlement parmi les concepts traditionnels

19. La difficulté s'agissant du harcèlement est que s'il exige un comportement répété ou réitéré pour être réprimé, il ne renvoie pas, en tout cas pas expressément, à la notion d'habitude puisque les délits de harcèlement étudiés ne renferment nullement au sein de leur élément matériel le mot « habitude » ou « habituel ». Toutefois, la Cour de cassation semble considérer le harcèlement par actes répétés, comme une infraction d'habitude. En effet, à l'occasion d'un arrêt rendu le 12 décembre 2006[50] concernant des faits de harcèlement moral, la chambre criminelle a affirmé que les juges du fond auraient dû « rechercher si la manière de parler du prévenu n'était pas constitutive, par son caractère habituel, d'agissements répétés ayant pour objet ou pour effet une dégradation des conditions de travail ». Concernant son rattachement à l'habitude, le harcèlement a cependant posé problème à plusieurs niveaux.
Relativement au harcèlement moral, qui implique « des agissements répétés ayant pour objet ou pour effet une dégradation des conditions de travail », l'existence de sa véritable parenté avec la notion

[50] Crim. 12 déc. 2006, n° 05-87.658.

d'habitude a pu être mise en doute[51]. En effet, la formulation de l'article 222-33-2 du Code pénal, qui se réfère non pas à un agissement répété, mais à « des agissements répétés », pourrait laisser penser que le harcèlement moral exige pour sa constitution, au moins deux actes de nature différente, chacun d'eux devant être répétés une fois[52]. Cette interprétation semblant toutefois excessivement restrictive, il est plus raisonnable de considérer qu'en vertu de cette formulation, le comportement qui est répété n'a pas nécessairement besoin d'être parfaitement identique au précédent[53]. Un raisonnement et une solution identiques sont évidemment applicables à l'égard des autres délits de harcèlement qui contiennent dans leurs éléments constitutifs le terme « agissements répétés », tel que le harcèlement conjugal, ou celui de « sollicitations répétées », tel que le délit de pratiques commerciales agressives.

20. En effet, à l'inverse de l'habitude ou de la réitération du comportement, la notion de harcèlement implique incontestablement que les agissements soient répétés envers la même victime, puisqu'à défaut aucune pression continuelle ne saurait être exercée à son encontre. Assurément, il découle de la nature même du harcèlement une nécessaire prise en compte des effets engendrés sur l'environnement de la victime, d'autant plus lorsque ce harcèlement est effectué en vue de produire sur elle un résultat particulier, d'obtenir d'elle quelque chose de précis, entre autres un acte de nature sexuelle. Si la répétition du comportement pernicieux traduit nécessairement une plus grande perversité de la part de l'auteur, il semble qu'en matière de harcèlement, elle soit aussi exigée en vertu de ses conséquences potentielles sur la victime. Il en résulte que la personne visée par les assauts répétés et incessants ne peut pas être différente, contrairement à l'hypothèse d'une menace verbale réitérée. Par conséquent, la solution posée par la chambre criminelle[54] parait clairement incohérente à l'égard de la nature du délit d'appels téléphoniques malveillants, qui relevant de la catégorie des infractions de harcèlement, impose des exigences supplémentaires à celle d'une simple répétition du comportement, dont celle de perpétration des

---

[51] V. MALABAT (V.), À la recherche du sens du droit pénal du harcèlement, *Dr. soc.* 2003. p. 493 s.
[52] MISTRETTA (P.), Harcèlement, *Rép. pén. Dalloz*, sept. 2007, n° 48.
[53] V. en ce sens MALABAT (V.), *op. cit.*
[54] MAYAUD (Y.), Crim. 4 mars 2003, n° 02-86.172, *RSC* 2003. 788, préc.

agissements envers la même victime. Ce critère inhérent au harcèlement est expressément prévu dans le cadre du délit de harcèlement au sein du couple, qui étant défini comme « le fait de harceler son conjoint, son partenaire lié par un pacte civil de solidarité ou son concubin » laisse entendre que la cible visée par les multiples attaques est impérativement identique.

B. L'autonomie du harcèlement par agissements répétés

21. De par sa définition, il est légitime de se demander si le harcèlement ne porte pas en lui des exigences supplémentaires à l'habitude. Ne serait-il pas dans ce cas, une forme particulière de l'habitude voire une catégorie autonome, qui imposerait pour être reconnu et afin que soit caractérisée la persistance, que soit accompli non pas une unique répétition du comportement, mais une multitude de répétitions, ce qui ressort d'ailleurs de l'emploi au pluriel des termes « agissements répétés » ou « sollicitations répétées ». La doctrine ne s'est pas particulièrement intéressée à la question, même si pour des auteurs comme Claire Saas, deux agissements pourraient en théorie suffire à caractériser le délit de harcèlement[55]. Quant à la jurisprudence, elle n'a jamais eu à trancher ce problème concernant le harcèlement, à l'exception du délit d'appels téléphoniques malveillants[56], dès lors qu'elle a toujours été saisie à l'occasion d'une multiplicité de répétitions. Pourtant, afin qu'il soit en harmonie avec son sens courant, le harcèlement implique nécessairement cette multiplicité au-delà de deux actes, traduisant une répétition constante du comportement et s'étalant dans la durée, afin qu'une pression pèse perpétuellement sur la victime des agissements. Il n'est toutefois pas souhaitable d'en imposer un chiffrage précis, car si les incriminations se doivent de ne pas être floues, afin d'assurer la protection des individus contre l'arbitraire, les termes qu'elles contiennent ne doivent pas pour autant être trop restrictifs, afin de ne pas brimer la liberté d'interprétation du juge et de permettre l'adaptation indispensable à chaque situation. Dès lors, la question de la détermination du nombre d'actes qui serait généralement suffisant pour caractériser un véritable harcèlement reste en suspens ; serait-ce trois, quatre, cinq ou plus ?

---

[55] SAAS (C.), comm. sur TGI Nantes, 18 mai 2006, *AJ pénal* 2007, p. 376, Le harcèlement moral gagne en précision !

[56] MARECHAL (J.-Y.), note sous Crim. 4 mars 2003, préc.

Cependant, dans un intérêt répressif, il est fort probable que la jurisprudence se contente de la démonstration de deux agissements.

22. En revanche, à partir du moment où la répétition du comportement a été caractérisée, il importe peu que ces agissements se perpétuent sur une durée relativement courte. En effet, la chambre criminelle a estimé, dans une décision du 21 juin 2005[57], que les juges du fond ont à tort, après avoir relevé un certain nombre d'agissements s'étalant sur deux mois, décidé que le délit de harcèlement moral n'était pas constitué faute d'une période suffisante. Évidemment, le harcèlement peut également s'étendre sur plusieurs années[58]. À cette occasion, peut toutefois se poser la question de la fréquence des agissements, notamment de l'existence d'un laps de temps maximal entre chaque comportement afin que leur cumul soit potentiellement néfaste pour la victime. Dans cette optique, il est logique d'écarter la caractérisation d'un délit de harcèlement dans l'hypothèse, certes extrême, dans laquelle il n'existerait que trois comportements, chacun séparé par plusieurs années, d'autant que le délai entre deux actes ne doit pas excéder celui de la prescription de l'action publique, qui est de trois ans en matière de délits[59]. Au-delà du respect de cette règle, la limite temporelle entre chacun des comportements relève des circonstances de chaque espèce, notamment de la plus ou moins grande gravité des actes, mise en corrélation avec le délai les séparant. Sa détermination dépend en conséquence de l'appréciation souveraine des juges du fond et il n'est encore une fois pas possible de fixer une limite rigide. À ce titre, la cour d'appel de Paris a conclu, dans une décision du 8 juin 2001, que des comportements occasionnels, non continus et espacés dans le temps, ne constituent pas une situation de harcèlement moral[60]. Il est vrai que cette décision ne portait pas sur la caractérisation de l'infraction de harcèlement moral, mais sur la reconnaissance du harcèlement en application du Code du travail et en vertu de l'indemnisation de la salariée. Néanmoins, ces critères semblent parfaitement pertinents et transposables sur le plan pénal, dès lors qu'il relève du bon sens que la signification courante du harcèlement n'a pas à diverger de sa signification juridique ; il en va de la cohérence du droit et plus particulièrement de celle du droit

[57] Crim. 21 juin 2005, n° 04-87.767.

[58] CA Dijon, 8 oct. 2003, Juris-Data n° 2003-22-5724.

[59] Art. 8, al. 1er CPP.

[60] CA Paris, 8 juin 2001, Juris-Data n° 2001-150369.

pénal. Il résulte en effet de ces critères exclusifs que le harcèlement ne peut s'assimiler à une simple répétition du comportement, mais exige une constance dans la répétition, qui doit de ce fait s'effectuer à une certaine fréquence.

23. Il est aisément déductible de tout ce qui précède, que le harcèlement par agissements répétés ou réitérés est effectivement autonome tant à l'égard du concept d'habitude que de celui de réitération, en ce qu'il impose une identité de victime, le respect d'une certaine fréquence dans la répétition et parait même exiger une multitude de répétitions.
Quant au harcèlement sexuel dit assimilé par le législateur, il ne relève pas non plus de ces concepts, puisque constitué par un acte unique, il ne peut évidemment pas répondre à l'exigence de répétition.

§ 2. - Le harcèlement par agissement unique

24. La définition de l'élément matériel du harcèlement sexuel a été source d'interrogations dès la création du délit en 1992. C'est, plus précisément, la nécessité de faire dépendre sa réalisation d'une répétition des agissements qui a alimenté le débat législatif. En effet, en incriminant « le fait de harceler autrui en usant d'ordres, de menaces ou de contraintes, dans le but d'obtenir des faveurs de nature sexuelle, par une personne abusant de l'autorité que lui confèrent ses fonctions », le législateur a en réalité voulu créer un délit qui puisse également être consommé par un « acte unique », conférant ainsi à la dénomination de harcèlement sexuel « un effet d'affiche »[61]. Pour autant, la mise au pluriel des termes « ordres », « menaces » ou « contraintes », induisait la nécessité d'une multiplicité d'agissements, créant ainsi une contradiction entre l'intention législative et la lettre de la loi. En 2002, lorsque la loi de modernisation sociale a supprimé une partie des éléments constitutifs du harcèlement, réduisant sa définition au « fait de harceler autrui dans le but d'obtenir des faveurs de nature sexuelle », les mêmes difficultés se sont à nouveau posées[62]. Effectivement, si le délit se référait au verbe harceler, il ne semblait pas pour autant exiger une répétition du comportement, à l'inverse du

[61] JOAN 3 déc. 1991, n° 107, p. 7014, intervention de M. PEZET.
[62] CONTE (P.), Une nouvelle fleur de légistique : le crime en boutons. À propos de la nouvelle définition du harcèlement sexuel, *JCP G* 2002, n° 30, act. 320, n° 4.

harcèlement moral qui se définissait par le fait de harceler autrui par des agissements répétés, ce qui a amené une partie de la doctrine à considérer le harcèlement sexuel comme une infraction simple[63].
Ainsi, la loi du 6 août 2012, qui divise le harcèlement sexuel en deux délits distincts (l'un impliquant un comportement répété, l'autre non), ne fait que pousser à son paroxysme la controverse initiale. Désormais, « est assimilé au harcèlement sexuel le fait, même non répété, d'user de toute forme de pression grave dans le but réel ou apparent d'obtenir un acte de nature sexuelle ». Par ce biais, le législateur vise en réalité la prohibition de toute forme de « chantage sexuel », qui peut notamment se réaliser lors « d'un entretien d'embauche, d'une offre de promotion ou d'une menace de sanction, ou encore à l'occasion de l'attribution d'un logement »[64]. S'il n'est pas exclu qu'un chantage sexuel puisse prendre la forme d'assauts répétés et insistants et constituer dans ce cas précis, un harcèlement, le texte décrit une toute autre situation, puisqu'il renvoie à un chantage accompli par le biais d'un acte unique, mais de plus grande gravité. Par conséquent, la dénomination de harcèlement sexuel ne correspond en rien au contenu du délit, dès lors que la notion de harcèlement implique inévitablement une répétition des agissements, à moins d'élaborer une définition juridique artificielle, car totalement déconnectée de la signification courante du mot. Il est vrai que ce comportement n'est pas réellement considéré comme du harcèlement sexuel, mais y est simplement assimilé. Toutefois, cette assimilation est inopportune, car on ne peut assimiler que des éléments qui, sans être exactement identiques, sont néanmoins similaires. Or, s'il est bien un élément essentiel du harcèlement, c'est la répétition du comportement, à laquelle ne renvoie aucunement le délit de harcèlement sexuel assimilé. En conséquence, la similarité entre du véritable harcèlement sexuel et un chantage sexuel par acte unique est inexistante et leur référence commune au caractère sexuel, ne saurait justifier cette confusion législative.

25. Pourquoi le législateur n'a-t-il tout simplement pas donné à ce délit sa juste qualification, à savoir celle de chantage sexuel ? Il s'avère que les parlementaires ont été freinés par la définition du délit

---

[63] V. en ce sens DUVERT (C.), Harcèlement sexuel, *J.-Cl. pénal Code*, janv. 2004, n° 20 ; MISTRETTA (P.), Harcèlement, *Rép. pén. Dalloz*, sept. 2007, n° 14.
[64] Rapport du Sénat n° 619, *op. cit.*, p. 24.

de chantage[65], envisagé à l'article 312-10 du Code pénal, qui érige en infraction le fait d'obtenir un avantage financier ou matériel en menaçant de révéler ou d'imputer certains faits attentatoires à l'honneur ou à la considération. En effet, le délit est limité à l'hypothèse dans laquelle l'auteur négocie son silence en échange d'un avantage matériel et non sexuel, de la victime. Pour autant, rien n'interdisait au législateur d'étendre l'objet de ce délit en admettant que le maître chanteur n'est plus celui qui menace de révéler ou d'inventer des faits et que l'avantage obtenu puisse constituer un acte de nature sexuelle[66]. Le délit de harcèlement sexuel assimilé y aurait trouvé une place toute naturelle, dès lors qu'il est constitué par l'usage d'une pression grave, autrement dit d'une menace, effectuée dans le but d'obtenir un avantage sexuel.
Quelles que soient les contradictions qui existent entre la qualification du délit et son contenu, il relève en tout cas de la catégorie des infractions simples, puisqu'il est caractérisé par une seule pression grave. Il en résulte une rupture avec les autres délits de harcèlement, s'agissant du régime juridique applicable. En effet, les solutions posées en matière de prescription de l'action publique et en matière d'application de la loi pénale, que ce soit dans le temps ou dans l'espace, ne sont pas identiques pour les infractions à éléments multiples et les infractions simples. Ainsi, le harcèlement par agissements répétés retarde le point de départ de la prescription de l'action publique, qui commence seulement à courir au jour de l'accomplissement du dernier acte et non pas à compter du premier. Quant à la loi nouvelle, même plus sévère, elle a vocation à s'appliquer aux délits de harcèlement par agissements répétés ou réitérés, dans l'hypothèse où le dernier acte constitutif est postérieur à l'entrée en vigueur de celle-ci[67]. Enfin, la loi pénale française sera applicable dès qu'un des actes de harcèlement a été commis sur le territoire de la République, indépendamment du fait que les autres comportements aient été accomplis dans un autre État.

26. Ces difficultés sont loin de résumer à elles seules l'ensemble des problématiques qui gravitent autour des éléments constitutifs du

---

[65] V. CONTE (P.), préc., *Dr. pénal* 2012, étude 24, n° 14.
[66] *Ibid.*
[67] ROETS (D.), Infractions sexuelles, *J.-Cl. pénal Code*, avr. 2010.

harcèlement : aux incohérences qui touchent l'élément matériel de ces délits, s'ajoutent des incertitudes relatives à leur élément moral.

Chapitre 2.- Les incertitudes relatives à l'élément moral

27. De toute évidence « la culpabilité ne saurait résulter de la seule imputabilité matérielle d'actes pénalement sanctionnés », comme l'a confirmé le Conseil constitutionnel dans une décision du 16 juin 1999[68], mais nécessite également que soit rapportée la preuve de l'élément moral. Or, en raison d'une rédaction législative souvent alambiquée, les délits de harcèlement sont source de multiples interrogations s'agissant de cet élément. Certains d'entre eux soulèvent des incertitudes touchant à plusieurs aspects de l'élément psychologique, étant à la fois porteurs d'ambiguïtés concernant la nécessité ou non d'une intention (Section 1) que concernant le degré d'intention requis. Quant aux autres délits de harcèlement, ils sont uniquement porteurs de difficultés à propos du degré exigé d'intention (Section 2), qui peut être simple et constituer un dol général, ou spécifique et correspondre à un dol spécial.

Section 1. - Les ambiguïtés touchant au caractère intentionnel du harcèlement

28. Les ambiguïtés touchant au caractère intentionnel concernent exclusivement le harcèlement moral entendu au sens large du terme, comme comprenant à la fois le délit de harcèlement moral au sens strict, qui s'exerce sur le lieu de travail et qui pour plus de commodité sera nommé *harcèlement professionnel*, et le délit de harcèlement moral au sein du couple, qui sera désigné sous le terme simplifié de *harcèlement conjugal*[69]. Afin de lever ces incertitudes, il est indispensable de procéder selon un ordre logique, en établissant, dans un premier temps, le caractère nécessairement intentionnel de ces délits de harcèlement moral (§ 1er), pour pouvoir, dans un second temps, établir leur caractère simplement intentionnel (§ 2).

---

[68] Cons. const. décis. 16 juin 1999, n° 99-411 DC, *D.* 1999. 589, note MAYAUD (Y.).

[69] Si dans un souci de simplicité le délit de harcèlement psychologique au sein du couple sera ici dénommé délit de harcèlement conjugal, cette appellation est en réalité réductrice, le délit étant beaucoup plus large, puisque englobant le harcèlement entre époux, pacsés ou concubins mais également entre anciens époux, anciens pacsés ou anciens concubins.

§ 1er. - Le caractère nécessairement intentionnel du harcèlement moral

29. Le harcèlement moral professionnel, et le harcèlement moral conjugal issu de la loi du 9 juillet 2010, renvoient tous deux aux mêmes difficultés s'agissant de leur élément intentionnel. En effet, les articles 222-33-2 et 222-33-2-1 du Code pénal prévoient respectivement que le harcèlement ne peut être constitué que par des actes répétés « ayant pour objet ou pour effet » soit « une dégradation des conditions de travail » pour le premier, soit « une dégradation des conditions de vie » pour le second. S'agissant du harcèlement professionnel, la loi de modernisation sociale[70] l'a non seulement intégré dans le Code pénal, mais également dans le Code du travail à l'article L. 1152-1, qui dispose, qu'aucun « salarié ne doit subir des agissements répétés de harcèlement moral qui ont pour objet ou pour effet une dégradation de ses conditions de travail ». Si, à quelques nuances près, la formulation choisie par le législateur est identique à celle utilisée dans le Code pénal, elle n'a manifestement pas été adaptée aux exigences qu'il impose et semble uniquement conçue pour satisfaire aux impératifs du droit social.

Effectivement, l'emploi des termes « pour objet ou pour effet » est à l'origine d'ambiguïtés qui n'ont pas manqué de conduire la doctrine à s'interroger sur le caractère intentionnel ou non du délit de harcèlement professionnel[71]. Si l'on se réfère aux règles générales applicables en droit pénal, l'article 121-3 du Code pénal dispose en son alinéa 1er qu'il « n'y a point de crime ou de délit sans intention de le commettre ». Il existe seulement deux types d'exceptions à ce principe, qui sont développées dans les alinéas suivants : les infractions de mise en danger délibéré d'autrui et les infractions commises par imprudence, négligence ou manquement à une obligation de prudence ou de sécurité prévue par la loi ou le règlement. Toutefois, ces exceptions ne sont opérantes que lorsque le texte incriminateur le prévoit, ce qui n'est pas le cas en matière de harcèlement. Ainsi, pour être en conformité avec la règle énoncée à l'article 121-3 précité, les délits de harcèlement professionnel et de harcèlement conjugal impliquent nécessairement que leur auteur

---

[70] Loi n° 2002-73 du 17 janv. 2002 de modernisation sociale.

[71] MONTEIRO (E.), Le concept de harcèlement moral dans le Code pénal et le Code du travail, *RSC* 2003. 277.

ait eu l'intention de les commettre[72]. Par conséquent, si la chambre sociale estime relativement à l'article L. 1152-1 du Code du travail « que le harcèlement moral est constitué, indépendamment de l'intention de son auteur »[73], la chambre criminelle ne pouvait que se prononcer en sens contraire, en exigeant que le délit de harcèlement professionnel comprenne « la répétition intentionnelle d'actes ayant pour but ou pour effet une dégradation des conditions de travail », ce qu'elle a d'ailleurs précisé dans une décision du 15 mars 2011[74].

30. À ce titre, et après l'abrogation du délit de harcèlement sexuel par le Conseil constitutionnel[75], de nombreuses questions prioritaires de constitutionnalité ont été renvoyées devant la chambre criminelle[76], sur le fondement de la violation du principe de légalité, résultant du manque de clarté et de précision dans la formulation des délits de harcèlement professionnel et conjugal, notamment à propos de leur élément moral. Toutefois, le texte relatif au harcèlement moral professionnel ayant déjà été soumis à un contrôle *a priori* de constitutionnalité à la suite d'un recours exercé par des parlementaires et déclaré conforme à la Constitution par une décision du 12 janvier 2002[77], la chambre criminelle a conclu qu'il n'y avait pas lieu à renvoi, le caractère nouveau de la question faisant défaut[78]. En revanche, le harcèlement conjugal n'ayant jamais été examiné par le Conseil constitutionnel, une solution différente aurait pu être envisagée. Cependant, la chambre criminelle saisie d'une question prioritaire de constitutionnalité relative à l'article 222-33-2-1 du Code pénal, a estimé que la question ne présentait pas un caractère sérieux, le délit de harcèlement conjugal étant défini de façon claire et précise dans le strict respect du principe de légalité des délits et des peines[79].

---

72 V. en ce sens AMBROISE-CASTEROT (C.), Droit pénal spécial et des affaires, *Gualino*, 3e éd., 2012, n° 120 et 123 ; SAAS (C.), comm. sur TGI Nantes, 18 mai 2006, *AJ pénal* 2007, p. 376 s., préc.

73 Soc. 10 nov. 2009, n° 08-41.497, Bull. soc. n° 248.

74 Crim. 15 mars 2011, n° 09-88.627.

75 Cons. const. déc. 4 mai 2012, n° 2012-240 QPC, préc.

76 Crim. 11 juill. 2012, n° 11-88.114, Bull. crim. n° 170 ; 25 juill. 2012, n° 11-89.125 ; 4 sept. 2012, n° 12-80.222 ; 18 sept. 2012, n° 12-90.047.

77 Cons. const. déc. 12 janv. 2002 n° 2001-455 DC relative à la Loi n° 2002-73 du 17 janv. 2002 de modernisation sociale.

78 Crim. 11 juill. 2012, préc. ; 25 juill. 2012, préc. ; 4 sept. 2012, préc.

79 Crim. 18 sept. 2012, préc.

Il n'est certes pas contestable que les délits de harcèlement professionnel et de harcèlement conjugal sont mieux définis que l'ancien délit de harcèlement sexuel abrogé, ce qui au demeurant n'a rien de bien compliqué, dans la mesure où ce dernier n'était défini que par sa propre qualification, rentrant ainsi dans la catégorie des infractions ouvertes, dénommées ainsi car elles ne permettent pas de savoir à l'avance quel comportement sera ou non punissable[80]. Toutefois, si l'élément matériel de ces délits est suffisamment clair et précis, notamment parce qu'il impose des « agissements répétés », l'examen de l'élément moral aboutit à un constat plus mitigé. S'il est vrai que l'analyse de l'article 121-3 du Code pénal amène à conclure que le harcèlement ne peut être qu'intentionnel, cette solution ne se déduit pas aisément de la lecture du délit lui-même. En effet, le recours à la formulation « pour objet ou pour effet » pourrait laisser croire que dans le cas où les agissements ont « pour effet » une dégradation de travail, le « pour objet » n'est pas nécessaire, impliquant que lorsque la dégradation se réalise, il importe peu que l'auteur ait agi intentionnellement. Pour autant, le délit ne contient dans sa définition, ni un renvoi à l'article 121-3 du Code pénal, ni aux notions d'imprudence, de négligence, de maladresse ou d'inattention, comme c'est notamment le cas en matière d'homicide et de blessures involontaires[81], ce qui laisse présumer sa nature intentionnelle. Par conséquent, si une meilleure rédaction de ces délits par le biais d'une intervention législative, n'est peut-être pas indispensable au regard du respect du principe de légalité, dès lors que le droit pénal général répond à l'interrogation relative à l'intention, elle serait pour le moins souhaitable et ce, malgré la confirmation apportée par la chambre criminelle relativement au caractère intentionnel du délit[82].

Une meilleure rédaction des délits de harcèlement moral serait d'autant plus nécessaire qu'une fois résolue la question touchant à la nature intentionnelle de l'élément moral, la formulation employée amène à s'en poser une seconde, relative au type d'intention exigé.

---

[80] MAYAUD (Y.), *op. cit.*, n° 25.

[81] Art. 221-6 et 222-19 s. C. pén.

[82] Crim. 15 mars 2011, n° 09-88.627.

§ 2. - Le caractère simplement intentionnel du harcèlement moral

31. Les délits de harcèlement professionnel et conjugal, en ce qu'ils posent la condition d'actes ayant, au choix, pour effet ou pour objet « une dégradation des conditions de travail », pourraient laisser penser qu'ils supposent la réalisation d'une intention particulière, dépassant l'intention classiquement exigée. *A priori*, les articles 222-33-2 et 222-33-2-1 du Code pénal proposent une alternative, en semblant sous-entendre qu'à défaut pour le harcèlement d'avoir engendré la détérioration des conditions de travail ou de vie, le harceleur doit nécessairement avoir visé cette détérioration. Une partie de la doctrine en tire la conclusion qu'en l'absence de dégradation effective de l'environnement professionnel ou personnel, l'intention qui est exigée se distingue de la simple intention ou dol général, défini à l'article 121-3 du Code pénal, et constitue de ce fait, un dol spécial[83]. La distinction la plus significative entre dol général et dol spécial, est celle qui définit ce dernier comme une composante se distinguant juridiquement de la volonté d'atteindre le résultat redouté par l'incrimination, ce qui correspond notamment à l'intégration de certains mobiles dans la définition de l'infraction[84].

32. Sur ce point, la position de la chambre criminelle n'est pas aisée à déterminer car, le plus souvent, elle reprend dans ses motifs la définition intégrale du délit, ou s'en remet à l'interprétation souveraine des juges du fond sans apporter de précisions supplémentaires. Dans une décision du 24 mai 2011, elle a toutefois jugé « que le délit de harcèlement moral n'implique pas que les agissements aient nécessairement pour objet la dégradation des conditions de travail »[85], ce qui peut être interprété de deux manières différentes. Il peut être considéré, qu'en employant les termes « pas (…) nécessairement » elle a voulu affirmer que le dol spécial n'est pas systématiquement exigé, mais qu'il l'est uniquement de façon

---

[83] V. en ce sens AMBROISE-CASTEROT (C.), *op. cit.*, n° 120 ; DUVERT (C.), Harcèlement moral, *J.-Cl. pén. Code*, mars 2003, fasc. 20, n° 54 ; MISTRETTA (P.), Harcèlement, *Rép. pén. Dalloz*, sept. 2007, n° 66.

[84] MAYAUD (Y.), *op. cit.*, n° 253.

[85] VERON (M.), note sous, Crim. 24 mai 2011, n° 10-87.100, *Dr. pénal* 2011, comm. 118, Actes répétés ayant pour effet la dégradation des conditions de travail.

alternative, c'est-à-dire en l'absence de dégradation effective des conditions de travail. À l'inverse, en ayant recours à cette formule, elle a pu vouloir préciser que le dol spécial n'est pas une condition nécessaire, autrement dit, qu'il peut exister dans les faits, mais que la caractérisation du harcèlement professionnel y est indifférente. C'est cette seconde hypothèse qui parait la plus censée, car peut-on raisonnablement concevoir un harcèlement professionnel sans une dégradation effective des conditions de travail ? Cette condition est à la fois purement objective et inhérente au harcèlement. Par conséquent, elle ne peut en être dissociée, à l'inverse de la capacité de la victime à voir son état psychique ou physique plus ou moins altéré par cette dégradation, qui relève d'une toute autre question.
En réalité, l'exigence que les agissements aient pour effet une dégradation des conditions de travail ou de vie, parait faire partie intégrante de l'élément matériel du délit, puisqu'elle vient le compléter en définissant la nature des agissements qui sont susceptibles d'engendrer un harcèlement moral. En effet, la simple répétition du comportement n'est pas suffisante pour constituer un harcèlement, encore faut-il que ces comportements soient en eux même néfastes, d'où l'intérêt de préciser que seuls ceux qui entrainent une dégradation des conditions de travail ou d'existence sont concernés. En procédant de la sorte, le législateur a d'ailleurs évité l'écueil d'une énumération de tous les types de comportements susceptibles de constituer un harcèlement moral. Néanmoins, en définissant l'élément matériel par la conséquence que les agissements engendrent, il a semé la confusion, en donnant l'impression que le « pour effet » n'est pas nécessaire en présence du « pour objet ». Cependant, si on considère que la condition de dégradation est une composante de l'élément matériel, par conséquent indispensable à la caractérisation des délits de harcèlement professionnel et conjugal, il n'est jamais nécessaire que le harceleur en poursuive la réalisation, le « pour objet » n'étant requis, d'après la formulation employée, qu'en l'absence du « pour effet », qui en réalité, est toujours exigé. Si l'on s'en tient à cette interprétation, le dol spécial résidant dans l'objectif de dégradation des conditions de travail ou de vie, n'est jamais requis.
En revanche, ce raisonnement ne pourrait conduire à affirmer que, puisque le harcèlement moral a impérativement pour effet cette dégradation, l'intention elle-même ne serait pas exigée, car comme développé précédemment, le harcèlement ne fait pas partie des exceptions au principe postulant du caractère intentionnel de tout délit.

Il résulte de cette analyse que les délits de harcèlement professionnel et conjugal n'impliquent aucunement la caractérisation d'un dol spécial, mais uniquement la présence de l'intention classiquement imposée par le droit pénal général.

33. Parallèlement au harcèlement conjugal et professionnel, dont l'élément moral est problématique sous tous ses aspects, il existe des délits de harcèlement qui ne soulèvent des hésitations qu'à propos de la nature de l'intention exigée.

Section 2. - Les difficultés touchant à la nature de l'intention exigée

34. La détermination de la nature de l'intention exigée consiste plus précisément à établir si le délit impose, quant à sa caractérisation, un dol général, qui correspond à l'intention classique, ou un dol spécial. La définition de ce dernier n'est toutefois pas des plus claires, la doctrine le considérant parfois comme portant sur un résultat qui ne participe pas des éléments matériels, et faisant ainsi découler la nature spéciale de l'intention du caractère formel de l'infraction[86]. Ces difficultés touchent à la fois les infractions relevant formellement du harcèlement (§ 1er) dont font partie les délits de harcèlement sexuel par agissements répétés et par acte unique, que les délits relevant substantiellement du harcèlement (§ 2), que sont les pratiques commerciales agressives et les appels téléphoniques malveillants.

§ 1er. - Concernant les délits relevant formellement du harcèlement

35. La loi du 6 août 2012 à l'origine de la division du harcèlement sexuel en deux délits distincts, a supprimé de l'infraction l'exigence de dol spécial anciennement prévu par l'article 222-33, abrogé par le Conseil constitutionnel. Auparavant, le texte imposait que le harcèlement soit effectué « dans le but d'obtenir des faveurs de nature sexuelle », ce qui n'est plus le cas aujourd'hui, du moins concernant le harcèlement sexuel par agissements répétés. L'article 222-33, premièrement, du Code pénal, dispose désormais que « le harcèlement

---

[86] REBUT (D.), Nécessité d'une intention de donner la mort pour caractériser l'élément intentionnel de l'empoisonnement, *D.* 2004. 1620, n° 6.

sexuel est le fait d'imposer à une personne, de façon répétée, des propos ou comportements à connotation sexuelle » sans pour autant exiger que l'objet poursuivi par l'auteur soit lui-même de nature sexuelle. La reprise de la définition du harcèlement sexuel adoptée par la directive européenne du 23 septembre 2002[87], elle-même calquée sur le droit anglo-américain qui ne fait justement aucune référence à une intention spécifique consistant dans l'obtention de faveurs sexuelles, est certainement un des facteurs de cette suppression. Ce choix résulte surtout du constat opéré par les parlementaires, que cet objectif spécifique n'est pas systématiquement présent, mais est fréquemment assorti, voire remplacé par la volonté de porter atteinte à la dignité de la victime[88]. Il en résulte un élargissement du champ d'application du délit à un plus grand nombre de situations. Toutefois, l'infraction est parallèlement privée de la caractéristique qui faisait toute sa spécificité, car comme l'observe le professeur Conte, le « harcèlement n'est pas sexuel en raison de ses moyens, mais de sa finalité »[89]. Dorénavant, en l'absence de précision de la loi, rien ne semble s'opposer à ce que le délit s'applique aux propos et comportements tenus envers une personne qui n'attire pas sexuellement le harceleur et intervienne notamment dans une optique de discrimination fondée sur l'orientation sexuelle, par le biais de brimades et de moqueries à connotation sexuelle. Malheureusement, cet élargissement rapproche inopportunément ce délit de celui de harcèlement moral, car il ne peut être argué d'une réelle distinction entre, par exemple, le harcèlement moral à connotation raciale et le harcèlement moral à connotation sexuelle, car en l'absence de dol spécial, il n'en ressort dans les deux cas rien de plus qu'un comportement discriminant[90]. La lecture des débats parlementaires démontre d'ailleurs que le législateur souhaite en réalité incriminer une sorte de « harcèlement moral à connotation sexuelle »[91]. Or, il importe peu que le fondement de la discrimination soit racial, sexuel ou autre, cette simple nuance factuelle n'étant pas de nature à justifier la création de deux infractions distinctes. Pourtant, tel qu'il est défini aujourd'hui, le harcèlement sexuel parait davantage constituer une des

---

[87] Directive 2002/73/CE du Parlement européen et du Conseil du 23 sept. 2002.
[88] CROZON (P.), Rapport de l'Assemblée nationale n° 86, du 18 juill. 2012, p. 27.
[89] CONTE (P.), préc., *Dr. pénal* 2012, étude 24, n° 6.
[90] Rapport de l'Assemblée nationale n° 86, *op. cit.*, p. 27.
[91] ANZIANI (A.), Rapport du Sénat n° 619, session 2011-2012, p. 24.

manifestations possibles du harcèlement moral, qu'un véritable délit autonome de harcèlement sexuel.

36. En revanche, s'agissant du délit nouvellement créé de harcèlement sexuel assimilé, il est précisé qu'il doit être effectué « dans le but réel ou apparent d'obtenir un acte de nature sexuelle »[92]. On peut s'interroger sur la possibilité de déduire d'une telle formule une exigence de dol spécial ou, au contraire, de déduire de la référence à un but simplement « apparent », que la volonté tendue vers l'obtention d'un acte de nature sexuelle n'est en réalité pas exigée, ce qui revient à reconnaître son caractère factice. Quoi qu'il en soit, la formulation laisse perplexe et en vertu de la sécurité juridique des individus, il ne peut être que préconisé au législateur l'abandon du recours intempestif aux formules imprécises du type « pour objet ou pour effet », « réel ou apparent », d'autant plus lorsque les termes qui se trouvent de part et d'autre de la conjonction de coordination sont diamétralement opposés. En effet, parmi les définitions possibles de l'adjectif apparent figure celle qui le présente justement comme un aspect ne correspondant pas à la réalité[93]. De plus, le recours à l'apparence pose une difficulté supplémentaire dès lors que ce terme induit une certaine subjectivité ; car si la réalité est unique, l'apparence dépend au contraire de la perception que se font les individus de la réalité, d'où il résulte une évidente variabilité de conception. Or, caractériser l'élément intentionnel du délit en se fondant uniquement sur la perception subjective qu'en aurait eue la victime serait une porte ouverte à l'arbitraire. S'agissant du contentieux répressif dans lequel la recherche de la vérité est d'autant plus prégnante qu'est en jeu la liberté fondamentale d'aller et venir, la référence à la notion alambiquée de but apparent est par conséquent particulièrement malvenue.
En réalité, en faisant référence au but apparent, le législateur a voulu renvoyer à ce qui est clairement perceptible, évident[94]. En effet, comme il l'a lui-même précisé lors des débats législatifs, l'objectif est d' « inviter les juges, lorsque l'auteur des faits nie les avoir commis ou affirme les avoir commis dans un autre but (...) à examiner un faisceau d'indices »[95] afin que soit, dans ce cas, garantie à la victime,

---

[92] Art. 222-33, II C. pén.
[93] V. dictionnaire Larousse.
[94] V. dictionnaire Larousse.
[95] Rapport du Sénat n° 619, *op. cit.*, p. 40.

la reconnaissance du délit. De toute évidence, les parlementaires semblent avoir oublié que cette possibilité était déjà prévue par l'article 427 du Code de procédure pénale consacrant le principe de l'intime conviction. En conséquence, cette schizophrénie terminologique provient de la propension du législateur à confondre dispositions de fond et règles de preuve[96]. Au-delà d'être inutile, la référence à l'apparence est surtout la manifestation d'un manque de rigueur juridique qui nuit à la compréhension de l'élément moral du délit. Bien sûr, le juge a toujours la possibilité d'éclairer son interprétation textuelle à la lumière des débats parlementaires, mais il ne faudrait pas que ce recours devienne systématique. Or, en termes de clarté et d'intelligibilité, la loi pénale a connu des jours meilleurs. Le délit d'appels téléphoniques malveillants, qui constitue une infraction relevant substantiellement du harcèlement, n'échappe pas à ces difficultés.

§ 2. - Concernant les délits relevant substantiellement du harcèlement

37. Si le délit de pratiques commerciales agressives ne pose pas de difficulté s'agissant de son élément moral, dès lors que la définition du délit, en se référant uniquement à des « sollicitations répétées et insistantes »[97] sans précision supplémentaire, n'implique rien de plus que l'intention classiquement exigée, la situation est plus complexe concernant le harcèlement téléphonique. Le délit d'appels téléphoniques malveillants, constitutif d'une sorte de harcèlement psychologique par le mode téléphonique, ne peut, au même titre que tous les délits de harcèlement, qu'être intentionnel[98]. Effectivement, il figure dans une section du Code pénal intitulée « des atteintes volontaires à l'intégrité de la personne », ce qui l'exclut d'office des infractions involontaires, qui sont notamment classées dans une section attenante. Il est vrai que volonté et intention ne renvoient, en principe, pas à la même signification, puisque l'intention requiert non seulement la volonté du comportement mais encore, et c'est ce qui la différencie de la première, la volonté du résultat[99]. Pourtant, le Code

[96] V. en ce sens CONTE (P.), préc., *Dr. pénal* 2012, étude 24, n° 12.
[97] Art. L. 122-11 C. consommation.
[98] Cf. AMBROISE-CASTEROT (C.), *op. cit.*, n° 59.
[99] Cf. MAYAUD (Y.), *op. cit.*, n° 228 ; CONTE (P.) et MAISTRE DU CHAMBON (P.), *op. cit.*, n° 213.

pénal parait employer indifféremment ces deux notions pour désigner le caractère intentionnel des infractions qu'il contient.
Quoi qu'il en soit, la difficulté se situe ailleurs, et porte essentiellement sur la nature de l'intention requise. Avant la modification opérée par la loi du 18 mars 2003[100], l'article 222-16 du Code pénal érigeait en infraction « les appels téléphoniques malveillants ou les agressions sonores, réitérés en vue de troubler la tranquillité d'autrui ». Il était déductible de cette formulation que les agressions sonores devaient, tout comme les appels téléphoniques, être réitérés, mais surtout, et c'est ce qui nous intéresse ici, que les appels devaient simultanément être malveillants et effectués en vue de troubler la tranquillité d'autrui. D'ailleurs, la chambre criminelle, à l'occasion d'un arrêt rendu le 4 mars 2003[101], a cassé la décision de la cour d'appel de Douai, au motif qu'elle n'avait pas recherché « si l'intention de troubler la tranquillité d'autrui et le caractère malveillant des appels ne se déduisaient pas du contenu même du message », paraissant ainsi consacrer l'indépendance de ces deux critères.
Or, il est difficile de comprendre en quoi ces deux conditions sont censées se distinguer[102], dès lors que la malveillance n'est rien d'autre qu'une intention de nuire. En effet, si la précision que l'appel doit être effectué en vue de troubler la tranquillité d'autrui renvoie au mobile de l'appel, elle ne permet pas pour autant d'ériger l'élément moral du délit en dol spécial, mais simplement d'exclure les appels téléphoniques réitérés qui sont passés pour des motifs légitimes. Ainsi, la cour d'appel d'Aix-en-Provence, dans une décision du 21 mai 2001[103], a relaxé des poursuites du chef de harcèlement téléphonique, une femme en instance de divorce qui a adressé de nombreux appels à son mari lui demandant de faire face à ses obligations paternelles et financières alors que l'enfant du couple était dans une situation de profonde détresse, l'intention de troubler la tranquillité d'autrui n'étant par conséquent pas caractérisée. Il en résulte que le délit de harcèlement téléphonique n'exige rien d'autre que l'intention classique. Ce constat est d'autant plus évident depuis que la volonté d'attenter à la tranquillité d'autrui ne parait plus requise en matière d'appels téléphoniques malveillants, mais seulement pour les

---

[100] Loi n° 2003-239 du 18 mars 2003 pour la sécurité intérieure.
[101] Crim., 4 mars 2003, n° 02-86.172, comm. MAYAUD (Y.), *RSC* 2003. 788, préc.
[102] Cf. MARECHAL (J.-Y.), note sous Crim. 4 mars 2003, préc.
[103] CA Aix en Provence, 7e ch., 21 mai 2001, Juris-Data n° 2001-150239.

agressions sonores, étant donné que depuis la loi du 18 mars 2003[104], l'article 222-16 du Code pénal est rédigé ainsi : « les appels téléphoniques malveillants ou les agressions sonores réitérées en vue de troubler la tranquillité d'autrui, sont punis d'un an d'emprisonnement et de 15 000 euros d'amende ». Désormais, la redondance résultant du caractère malveillant et de l'objectif d'atteinte à la tranquillité a été supprimée, puisque seule la malveillance semble concerner le délit de harcèlement téléphonique.

38. En plus de l'hétérogénéité qui caractérise les différents délits de harcèlement quant à leurs éléments constitutifs, il ne peut qu'être constaté la disparité des effets issus de la pénalisation du harcèlement.

[104] Loi n° 2003-239 du 18 mars 2003 pour la sécurité intérieure.

Partie II

La disparité des effets issus de la pénalisation du harcèlement

40. La pénalisation du harcèlement au travers de la création d'une multiplicité de délits différents, n'est pas pour faciliter l'uniformisation de la politique répressive s'agissant de la prévention de ces comportements. L'hétérogénéité des éléments constitutifs du harcèlement participe évidemment de la disparité des effets issus de cette pénalisation. Il en résulte que les délits de harcèlement ne sont pas équivalents quant à leur rôle préventif, que ce soit sur un plan pratique, concernant l'efficience de l'incrimination (Chapitre 1), ou sur un plan relativement plus théorique, s'agissant des objectifs préventifs visés par le législateur (Chapitre 2). Ainsi, pour certains délits de harcèlement encore plus que pour d'autres, le degré d'efficacité concret de l'incrimination n'est pas à la hauteur de la force préventive espérée, à tel point que la pénalisation de ces comportements parait dénuée d'intérêt, tout en constituant un danger pour le droit pénal lui-même, en créant une surcharge répressive qui tend à le décrédibiliser en amenuisant son efficacité.

Chapitre 1. - Le manque d'efficience de l'incrimination

41. Le manque d'efficience de l'incrimination de harcèlement a principalement deux origines. Elle est, en premier lieu, une conséquence de la difficulté à poser une qualification adéquate sur les faits incriminés à cause de la prolifération des délits de harcèlement, qui sont, par conséquent, susceptibles de se recouper entre eux ou avec d'autres infractions, engendrant ainsi une superposition des qualifications possibles concernant un même comportement (Section 1). Elle découle, en second lieu, des obstacles probatoires (Section 2) qui peuvent se dresser quant à la démonstration des délits de harcèlement, dès lors qu'il est parfois compliqué, voire périlleux d'établir les faits constitutifs de ces délits.

Section 1. - Les concours idéaux de qualification

42. Le Code pénal prévoit, en son article 132-2, qu'il existe un concours d'infractions « lorsqu'une infraction est commise par une personne avant que celle-ci ait été définitivement condamnée pour une autre infraction ». L'hypothèse qui est visée par le législateur est donc exclusivement celle d'un concours réel, qui apparait en présence d'une pluralité de faits, chacun constitutif d'une infraction différente[105]. Or, la difficulté qui se pose à propos des infractions de harcèlement est tout autre. Il résulte en effet, de la prolifération excessive de ces délits, une multiplication des situations dans laquelle plusieurs incriminations différentes sont susceptibles de s'appliquer à un fait unique, hypothèse qui à défaut d'être envisagée par la loi est qualifiée par la doctrine de concours idéal de qualifications[106]. Ces concours idéaux se produisent non seulement entre infractions consacrées dans le Code pénal (§ 1er), mais également à l'égard d'infractions consacrées en dehors du Code pénal (§ 2).

---

[105] MAYAUD (Y.), *op. cit.*, n° 149.

[106] CONTE (P.) et MAISTRE DU CHAMBON (P.), *op. cit.*, n° 232 ; MAYAUD (Y.), *op. cit.*, n° 154.

§ 1er. - Les concours idéaux entre infractions consacrées dans le Code pénal

Ces concours concernent à la fois les délits de harcèlement sexuel (A) et les autres délits de harcèlement consacrés dans le Code pénal (B).

A. Les concours touchant les délits de harcèlement sexuel

43. L'abrogation avec effet immédiat du harcèlement sexuel a été l'occasion de s'interroger sur l'existence de qualifications de substitution. En effet, la loi du 6 août 2012, est nécessairement porteuse de dispositions plus sévères, dans la mesure où elle recrée un délit qui, quelques mois auparavant, a cessé d'exister. Or, l'article 112-1 du Code pénal pose le principe de la non-rétroactivité de la loi pénale, à moins que la nouvelle disposition pénale adoptée soit plus douce, autrement dit, moins sévère que la précédente. Par conséquent, la nouvelle loi sur le harcèlement sexuel ne peut en aucun cas être rétroactive ; les faits commis antérieurement à son entrée en vigueur, soit le 8 août 2012, et qui ne se sont pas perpétués postérieurement à cette date, ne peuvent pas être poursuivis sous la qualification de harcèlement sexuel. Il est toutefois excessif d'invoquer un vide juridique, car en considération de toutes les autres infractions existantes, le délit de harcèlement sexuel est rarement le seul à correspondre aux faits reprochés[107]. Ainsi, au-delà des possibilités offertes par l'article 1382 du Code civil, et dont la victime n'est en aucun cas privée, des alternatives pénales sont envisageables[108]. Quant aux procédures judiciaires en cours au moment de la décision du Conseil constitutionnel et auxquelles l'abrogation s'appliquait, une requalification des faits n'était pas exclue. En effet, non seulement le juge n'est pas tenu par la qualification alléguée par le ministère public ou par le juge d'instruction, mais encore, les juges d'appel ne sont pas liés par la qualification retenue par les juges de première instance. Il appartient donc aux magistrats du siège de restituer aux faits leur véritable qualification. Une requalification en cours de procédure est en conséquence possible, sous réserve du maintien de la prévention

---

[107] D'autres qualifications sont possibles en fonction des situations, comme celles d'appels téléphoniques malveillants, de menace, d'injure, de harcèlement moral ou encore de harcèlement au sein du couple.

[108] ROULET (V.), note sous Cons. const. déc. 4 mai 2012, n° 2012-240 QPC, *JCP S* 2012, n° 24, p. 28 s.

initiale et du respect du contradictoire, le prévenu devant avoir été mis en mesure de présenter sa défense sur la nouvelle qualification, comme l'a affirmé la chambre criminelle le 28 janvier 2004[109]. Toutefois, il n'est pas contestable que dans certaines hypothèses, les actes répréhensibles ne puissent faire l'objet d'aucune requalification, et il ne saurait être nié le désarroi de la victime qui, après avoir eu le courage d'engager une procédure, a subi l'annulation du procès en cours. Quoi qu'il en soit, la possibilité de faire intervenir d'autres qualifications pour un fait qui, auparavant, aurait dû relever d'un harcèlement sexuel, laisse dubitatif quant à la véritable utilité de ce délit, et plus globalement de l'ensemble des délits de harcèlement.

44. D'ailleurs, la spécificité des nouveaux délits de harcèlement sexuel par agissements répétés et de harcèlement sexuel assimilé, à l'égard d'autres délits déjà présents dans le Code pénal, n'est pas évidente. S'agissant en premier lieu, du harcèlement sexuel par agissements répétés, comme précédemment expliqué[110], la suppression du dol spécial estompe un peu plus la frontière entre ce dernier et le délit de harcèlement professionnel, et n'en fait concrètement qu'une de ses modalités et non une véritable infraction autonome. S'agissant en second lieu, du harcèlement sexuel assimilé, le fait qu'il puisse être constitué par un seul agissement le rapproche d'autant plus de certaines infractions sexuelles, tels que le délit d'atteinte sexuelle[111] ou la tentative d'agression sexuelle, et renforce ainsi le risque d'erreur de qualification qui existait déjà auparavant. Ainsi, dans un arrêt du 10 novembre 2004[112], la chambre criminelle a dû casser la décision de la cour d'appel de Lyon, ayant condamné pour harcèlement sexuel un enseignant qui avait embrassé sur la bouche et à trois reprises l'une de ses élèves, mineure. Le prévenu se prévalait de la violation du principe d'interprétation stricte de la loi pénale imposé par 111-4 du Code pénal, pour contester que les faits

[109] Crim. 28 janv. 2004, n° 02-85.141, Bull. crim. n° 22, *Dr. pénal* 2004, n° 55, obs. ROBERT (J.-H.).

[110] V. *supra*, n° 36.

[111] La tentative d'atteinte sexuelle n'est pas répréhensible, dès lors que l'article 121-4, 2° du Code pénal dispose que la tentative n'est punissable concernant les délits, que lorsqu'elle est prévue par un texte particulier, ce qui n'est pas le cas en matière d'atteinte sexuelle sur mineur.

[112] VERON (M.), Crim. 10 nov. 2004, n° 03-87.986, *Dr. pénal* 2005, comm. 53, Harcèlement ou atteinte : comment choisir ?

reprochés puissent constituer le délit de harcèlement sexuel prévu par l'article 222-33 du Code pénal. La Cour de cassation a conclu à cette violation et a reproché à la cour d'appel d'avoir retenu cette qualification « sans caractériser en quoi le prévenu avait harcelé la jeune fille dans le but d'obtenir de sa part des faveurs de nature sexuelle (…) et sans rechercher si les faits n'étaient pas susceptibles de revêtir la qualification d'atteinte sexuelle ».

Dorénavant, le risque de superposition des qualifications ou d'erreur est accru, dans la mesure où le harcèlement sexuel assimilé traduit la volonté du législateur de réprimer un chantage sexuel et non pas un véritable harcèlement. En effet, l'article 222-33, II, érige en infraction, l'usage « de toute forme de pression grave dans le but (…) d'obtenir un acte de nature sexuelle ». Quant au délit d'agression sexuelle, il est défini comme une « atteinte sexuelle commise avec violence, contrainte, menace ou surprise »[113]. Or, qu'est-ce qui distingue réellement cette « pression grave » de la « menace » exigée pour caractériser une agression sexuelle, dans la mesure où cette menace n'est en réalité qu'une forme de contrainte, comme l'a affirmé la chambre criminelle, dans un arrêt du 14 octobre 1998[114] ?

Il apparait que la distinction relève plus d'une différence de degré ; la pression grave, n'enlève pas toute liberté de choix à la victime, mais la place simplement dans une position d'infériorité à l'égard de l'auteur, à l'inverse de la contrainte psychologique qui prive la victime de toute marge de manœuvre. Toutefois, il semblerait que la jurisprudence n'exige pas que la menace ait mis la victime dans l'incapacité totale de s'opposer à l'agression sexuelle[115]. En effet, dans une décision du 11 février 1992, la chambre criminelle a estimé que le renvoi en cour d'assises pour viol était justifié, l'auteur ayant exercé un chantage consistant à menacer la victime de « l'abandonner sur place, en pleine nuit, dans un froid vif, par un temps de brouillard dense, loin de toute habitation »[116]. Si la solution adoptée ne concerne pas le délit d'agression sexuelle, elle lui est transposable dès lors que tout comme le viol[117], il peut résulter d'un recours à la « menace ». Or, dans l'espèce précitée, la Cour de cassation apprécie la menace

---

[113] Art. 222-22, al. 1er C. pén.

[114] Crim. 14 oct. 1998, n° 97-84.730, Bull. crim. n° 263.

[115] V. en ce sens MALABAT (V.), Infractions sexuelles, *Rép. pén. Dalloz*, oct. 2002, n° 28.

[116] Crim. 11 févr. 1992, n° 91-86.391, *Dr. pén.* 1992, comm. 174.

[117] Art. 222-23, al. 1er C. pén.

comme une forme de chantage qui place la victime dans la nécessité de faire un choix difficile. Cette interprétation rend d'autant moins aisée la distinction entre le harcèlement sexuel par acte unique et le délit d'agression sexuelle, voire le crime de viol, lorsque ces infractions sont commises par l'usage de la menace.

B. Les concours touchant les autres délits de harcèlement

45. Concernant le délit de harcèlement psychologique au sein du couple, il est relativement ardu de le distinguer de celui de violences volontaires en cas de répétition du comportement, dès lors qu'en vertu d'une jurisprudence constante, les violences peuvent exister en l'absence de tout contact matériel avec le corps de la victime[118]. La chambre criminelle a ainsi affirmé, dans une décision du 18 mars 2008, que « le délit de violences est constitué, même sans atteinte physique de la victime, par tout acte de nature à impressionner vivement celle-ci et à lui causer un choc émotif »[119]. La ressemblance entre les deux infractions est d'autant plus frappante que, depuis la loi du 9 juillet 2010 à l'origine de la création du harcèlement conjugal, le législateur a expressément consacré le délit de violences psychologiques à l'article 222-14-3 du Code pénal. De plus, ces deux infractions ne peuvent être caractérisées que lorsque le comportement de l'auteur a produit un certain résultat sur la victime, ce qui renforce leur gémellité. Pourtant, le législateur parait considérer que « les violences et le harcèlement répondent à deux logiques différentes »[120]. En effet, le fait unique de violence doit atteindre une certaine gravité, afin qu'il soit susceptible de provoquer un choc émotif ou une perturbation psychologique, alors que « le harcèlement se caractérise par une succession de comportements, qui peuvent sembler de prime abord insignifiants, mais dont l'accumulation entraîne une dégradation importante des conditions de vie de la victime » et qui, pris individuellement, n'atteignent pas le seuil de gravité requis par le

---

[118] Crim. 23 déc. 1921, *D.* 1922. 62 ; 8 nov. 1990, n° 89-86.904, *Dr. pénal* 1991, comm. 102 ; 2 sept. 2005, Bull. crim. n° 212, *D.* 2005. Pan., 2989, comm. GARE (T.).

[119] Crim. 18 mars 2008, n° 07-86075, Bull. crim. n° 65 ; MAYAUD (Y.), *RSC* 2008. 587 ; VERON (M.), *Dr. pénal* 2008, comm. 84.

[120] GEOFFROY (G.), Rapport n° 2293, enregistré à l'Assemblée nationale le 10 févr. 2010, p. 63.

délit de violences[121]. Cependant, la frontière entre les deux délits parait ténue et encore davantage estompée : la consécration législative des violences psychologiques pourrait en effet amener la jurisprudence à être plus souple concernant le seuil minimal de gravité avec lequel devrait coïncider un comportement afin d'être qualifié de violent.
De même, le harcèlement au sein du couple est susceptible d'entrer en concours de qualifications avec le délit de menaces contre les personnes, et plus particulièrement en cas de menaces verbales non conditionnées, la Cour de cassation estimant que la réitération que ce dernier impose, ne peut s'opérer qu'envers le même individu[122].

46. Enfin, le délit d'appels téléphoniques malveillants peut facilement entrer en concours avec d'autres délits de harcèlement, étant donné qu'il sanctionne en réalité une forme de harcèlement par le mode téléphonique. Effectivement, n'importe quel type de harcèlement, que ce soit professionnel, conjugal ou sexuel, peut s'exercer à un moment ou à un autre par la voie téléphonique. Évidemment, des menaces peuvent également être proférées par téléphone. Les probabilités de concours idéaux sont d'autant plus grandes que la jurisprudence a étendu le délit d'appels téléphoniques malveillants à des situations qui, de prime abord, ne semblent pas tout à fait correspondre à ce que l'on aurait tendance à identifier comme un appel téléphonique. La chambre criminelle a tout d'abord reconnu, dans une décision du 20 février 2002[123], que le délit pouvait être constitué par des messages laissés sur une boîte vocale. Elle a ensuite considéré, dans une décision du 30 septembre 2009, que « la réception d'un SMS [qui] se manifeste par l'émission d'un signal sonore sur le téléphone portable de son destinataire » entre dans le champ d'application de l'article 222-16 du Code pénal[124]. Ce critère du signal

---

[121] Distinction posée par le rapport n° 2293 réalisé par M. Guy GEOFFROY, enregistré à l'Assemblée nationale le 10 févr. 2010, p. 63 et reprise par la circulaire Crim-2010-17/E8-03/08/2010.
[122] VERON (M.), Crim. 24 oct. 2007, n° 07-83.726, *Dr. pénal* 2008, n° 2, comm. 19, préc.
[123] Crim. 20 févr. 2002, Bull. crim. n° 37 ; *D.* 2003. Somm., 248, obs. MIRABAIL (S.) ; *Dr. pénal* 2002, comm. 67, note VERON (M.).
[124] Crim. 30 sept. 2009, Bull. crim. n° 162 : *D.* 2009. 2687, obs. GACHI (K.) ; *AJ pénal* 2010. 34, obs. ROYER (G.) ; *RSC* 2009. 838, obs. MAYAUD (Y.) ; *Dr. pénal* 2009. comm. 147, obs. VERON (M.) ; *JCP* 2009. II. 587, note LASSERRE CAPDEVILLE (J.).

sonore est pour le moins artificiel, puisqu'il exclut du délit les textos reçus sur un portable mis en silencieux ou sur vibreur, critère dont il sera certainement difficile d'établir la matérialité.
Les concours de qualifications concernant les délits de harcèlement se produisent également avec des délits codifiés en dehors du Code pénal.

§ 2. - Les concours idéaux avec des infractions consacrées en dehors du Code pénal

47. Le délit d'appels téléphoniques malveillants est susceptible d'entrer en concours avec des infractions présentes dans le Code pénal, mais aussi avec des infractions qui y sont extérieures, comme le délit de pratiques commerciales agressives, inséré depuis la loi du 4 août 2008 dite de modernisation de l'économie, à l'article L. 122-11 du Code de la consommation. Cet article dispose qu'une pratique commerciale est agressive, notamment en cas de « sollicitations répétées et insistantes », ce qui renvoie en réalité à un recours « au harcèlement ». Par conséquent, il n'est pas exclu que les qualifications de harcèlement téléphonique et de harcèlement commercial viennent se superposer, dès lors que ces délits partagent l'exigence d'une répétition du comportement et que les opérations à visée commerciale sont souvent effectuées par la voie téléphonique. D'ailleurs, l'article L. 122-11-1 du Code de la consommation, qui dresse une liste de différents comportements réputés constituer une pratique commerciale agressive, fait expressément référence « à des sollicitations répétées et non souhaitées par téléphone, télécopieur, courrier électronique ou tout autre outil de communication à distance ». Ainsi, les deux délits paraissant protéger des valeurs sociales distinctes, à savoir l'intégrité psychique et le consentement contractuel, le cumul de qualification n'est pas à exclure. En revanche, les peines ne peuvent se cumuler[125], et le délit de pratiques commerciales doit être préféré en raison de la peine plus élevée qu'il fait encourir. En outre, il peut également être choisi en vertu du respect de la règle *specialia generalibus derogant*, dès lors qu'en prévoyant sans équivoque la communication téléphonique comme une

[125] L'interdiction du cumul des peines de même nature prévue par l'article 132-2 du Code pénal en matière de concours d'infractions est également applicable en cas de concours de qualifications.

des modalités de sa réalisation, il semble réduire le harcèlement téléphonique à un simple moyen de consommation, l'atteinte au consentement contractuel étant sa véritable finalité.
Le délit de pratiques commerciales agressives est également susceptible d'entrer en concours avec celui d'abus de faiblesse[126], prévu à la fois par le Code pénal et par le Code de la consommation. Aux termes de ces dispositions, il est interdit d'abuser de l'état d'ignorance ou de la situation de faiblesse d'une personne, soit d'après l'article 223-15-2 du Code pénal, pour la conduire à un acte ou à une abstention qui lui serait gravement préjudiciable, soit selon l'article L. 122-8 du Code de la consommation, pour lui faire souscrire, par le moyen de visites à domicile, des engagements au comptant ou à crédit sous quelque forme que ce soit. La seconde disposition est donc d'application plus restreinte que la première. Le délit de pratiques commerciales agressives, porte quant à lui sur des « sollicitations répétées et insistantes ou l'usage d'une contrainte physique ou morale » de nature à altérer ou vicier le consentement du consommateur, ou à entraver l'exercice de ses droits contractuels. En outre, la facilité à influencer le consommateur par le biais d'un harcèlement ou d'une contrainte morale, dépend de la vulnérabilité de la personne qui est victime de ces agissements. D'autant que la prise en compte des circonstances qui entourent la pratique commerciale agressive est expressément envisagée par l'article L. 122-11 du Code de la consommation. Dans le même ordre d'idées, l'article L. 122-8 du même Code exige que les circonstances démontrent que la personne « n'était pas en mesure d'apprécier la portée des engagements qu'elle prenait ». Quant à l'article 223-15-2 du Code pénal, il impose que la victime de l'abus de faiblesse soit mineure ou dans un état de particulière vulnérabilité, du fait de son âge, d'une maladie, d'une infirmité, d'une déficience physique ou psychique ou de son état de grossesse. Ces trois délits ont donc vocation à prohiber des comportements perpétrés dans un cadre commercial, même si le délit d'abus de faiblesse prévu par le Code pénal a un champ d'intervention plus large. De plus, ils prennent tous en compte les circonstances qui entourent les agissements. Enfin, dans les trois hypothèses, l'auteur des agissements poursuit un objectif identique, consistant à pousser le

[126] V. en ce sens AMBROISE-CASTEROT (C.), préc., *AJ Pénal* 2009, p. 22 s., n° 232 ; et CONTE (P.), Brèves observations à propos de l'incrimination des pratiques commerciales agressives, *Dr. pénal* 2008, étude 3, n° 4.

consommateur à souscrire un engagement voire à le priver de l'exercice de ses droits contractuels. La particulière difficulté à les distinguer soulève inévitablement des problèmes de concours de qualifications.

48. Le problème s'est également présenté à propos des délits de harcèlement professionnel et sexuel, tous deux simultanément instaurés, dans le Code pénal et dans le Code du travail. Or, avant la modification opérée par la loi du 9 juillet 2010, le montant de l'amende n'était pas identique dans les deux dispositions, le Code pénal faisant encourir une peine d'un an d'emprisonnement et de 15 000 euros d'amende, alors que le Code du travail envisageait une peine d'un an d'emprisonnement et une amende de 3 750 euros[127]. À propos du harcèlement moral, le Conseil constitutionnel a toutefois considéré, dans une décision du 12 janvier 2002[128], que la double consécration du délit n'était pas, en elle-même, contraire à la Constitution, sous réserve du respect du principe de proportionnalité qui impose que la sanction n'excède pas la peine légale la plus élevée. Le harcèlement moral a toutefois une portée plus étendue dans le Code pénal, dans la mesure où l'article L. 1152-1 du Code du travail impose que le harcelé ait la qualité de « salarié », alors que le premier vise plus largement le harcèlement d' « autrui » et se contente d'une référence aux « conditions de travail ». Les dispositions du Code du travail excluent de ce fait le harcèlement effectué envers un dirigeant non-salarié et les professions libérales. À l'inverse, le Code pénal permet d'envisager toutes les situations qui impliquent une relation de travail. Cependant, cette double consécration du harcèlement professionnel contribuait à gonfler artificiellement le nombre de dispositions pénales, par conséquent, on comprenait mal l'intérêt de son maintien par le législateur. Quoi qu'il en soit, depuis la loi du 6 août 2012, la peine encourue en matière de harcèlement sexuel et moral n'est plus envisagée par le Code du travail, mais uniquement par le Code pénal, et correspond dorénavant à deux ans d'emprisonnement et 30 000 euros d'amende[129], ce qui prive les définitions posées par le Code du travail de toute portée répressive.

---

[127] Art. L. 1155-2, al. 1er C. trav.
[128] Cons. const. décis. 12 janv. 2002, n° 2001-455 DC, préc.
[129] Art. 222-33, III et 222-33-2 C. pén.

49. L'efficience des incriminations de harcèlement n'est pas seulement amoindrie par les concours idéaux de qualifications, mais aussi par l'existence d'obstacles probatoires.

Section 2. - Les obstacles probatoires

50. En vertu du principe de liberté de la preuve qui domine la procédure pénale, les infractions peuvent être établies par tous moyens. Toutefois, l'établissement de la réalité des faits peut se heurter à des obstacles de différentes natures, si bien qu'à la protection illusoire qui résulte de la multiplicité des qualifications envisageables, peut parfois se substituer la réelle impossibilité de rapporter la preuve des éléments constitutifs du harcèlement. D'autant plus, que les difficultés probatoires propres à chacun des délits de harcèlement (§ 1er), sont confortées par des règles juridiques propres à la matière pénale qui viennent limiter la mise en place de facilités probatoires (§ 2).

§ 1er. - Les difficultés probatoires propres à chacun des délits de harcèlement

51. Parmi tous les délits de harcèlement, celui de harcèlement psychologique au sein du couple parait le plus difficile à prouver, dans la mesure où il a vocation à être perpétré dans le cocon familial. En effet, l'environnement naturel dans lequel le harcèlement conjugal est susceptible de prendre essor, à savoir l'intimité du couple, rend difficile l'établissement du délit, par l'absence probable de témoignages, à l'inverse du harcèlement moral qui se perpétue sur le lieu de travail. La chambre criminelle a ainsi pu confirmer la décision de la cour d'appel de Riom concernant la culpabilité d'un maire pour harcèlement moral à l'encontre de sa secrétaire, du fait de reproches injustifiés quant à l'exécution de son travail ou de réflexions désobligeantes souvent effectués devant témoins[130]. Le délit de harcèlement conjugal est d'autant plus difficile à établir, du fait de son aspect purement psychologique, qui implique une absence de traces

---

[130] VERON (M.), Le maire harcèle la secrétaire de mairie, note sous, Crim. 21 juin 2005, n° 04-86.936, Bull. crim. n° 187, *Dr. pénal* 2005, comm. 157.

physiques[131]. De plus, il suppose non seulement que soit rapportée la preuve des agissements, mais également que soit rapportée celle de l'altération de la santé physique ou mentale du conjoint, pacsé ou concubin. Toutefois, la chambre criminelle a, dans l'intérêt de la manifestation de la vérité, limité la portée du principe de loyauté des preuves, en précisant qu'à l'inverse des autorités judiciaires, les particuliers ne sont pas astreints à son respect[132]. Par conséquent, les preuves qu'ils remettent aux enquêteurs ne peuvent, dès lors qu'elles sont soumises à débat contradictoire, être écartées par le juge répressif au motif qu'elles ont été obtenues de façon illicite.
Cependant, si les preuves déloyales sont recevables devant le juge pénal, cela n'enlève rien au caractère infractionnel de l'acte qu'a éventuellement dû commettre la victime afin de les obtenir. En effet, si la chambre criminelle a érigé en fait justificatif la nécessité d'assurer sa défense, posant ainsi l'irresponsabilité pénale d'une salariée ayant appréhendé et reproduit des documents appartenant à l'entreprise sans l'autorisation de son employeur, elle a néanmoins restreint le champ de cette justification à l'action prud'homale[133]. Or, le centre de gravité du harcèlement conjugal se situe justement en dehors du lieu de travail, à moins d'envisager la situation dans laquelle le harcèlement serait perpétué au sein d'une entreprise, dont les deux conjoints, pacsés ou concubins seraient membres ; mais dans ce cas le délit n'a pas grande utilité puisque la qualification de harcèlement moral peut s'appliquer. En dehors de cette hypothèse et si l'on s'en tient à la jurisprudence actuelle, la justification précitée ne pourra pas bénéficier à la victime d'un harcèlement conjugal.

52. Il en va différemment en matière de harcèlement moral, puisque ce délit est limité au cadre professionnel. Quant au harcèlement sexuel, si depuis la suppression de la référence à l'abus d'autorité conférée par les fonctions, il peut être perpétré dans un cadre plus large, n'étant plus circonscrit aux relations de travail ou aux relations scolaires, son domaine privilégié d'exercice demeure le lieu de travail. Toutefois, le fait justificatif lié aux nécessités de la défense ne pourra

---

[131] V. en ce sens AMBROISE-CASTEROT (C.) et FRICERO (N.), La Loi du 9 juillet 2010 relative aux violences faites aux femmes : nouvelles armes juridiques, *RJPF* 2010, n° 9.

[132] Crim. 27 janv. 2010, n° 09-83.395, Bull. crim. n° 16.

[133] Crim. 11 mai 2004 n° 03-85.521, Bull. crim. n° 117, note BONFILS (P.), *Dr. et patr.* 2004, n° 132, Droits de la défense.

pas jouer si le harcelé décide de saisir le juge répressif. Ainsi, le salarié qui subtilise des documents afin de démontrer l'existence d'un harcèlement professionnel ou sexuel devant le juge correctionnel, agit à ses risques et périls, puisqu'il encourt une peine de trois ans d'emprisonnement et de 45 000 euros d'amende pour vol[134]. Dans cette hypothèse, la peine encourue par la victime est supérieure à celle qui est envisagée en matière de harcèlement moral ou sexuel et ce, malgré le renforcement de la sévérité de la sanction opérée par la loi du 6 août 2012 qui prévoit, pour les deux délits précités, une peine de deux ans d'emprisonnement et 30 000 euros d'amende[135]. En matière de harcèlement sexuel, il existe toutefois des causes d'aggravations de la peine, telles que la minorité, la particulière vulnérabilité de la victime, ou encore la commission en réunion, susceptibles de porter la sanction à un maximum de trois ans d'emprisonnement et 45 000 euros d'amende.

En revanche, concernant le harcèlement sexuel, certaines difficultés probatoires ont été estompées depuis la récente modification du délit par le législateur. En premier lieu, le harcèlement sexuel par actes répétés n'exige aucun dol spécial consistant dans la volonté d'obtenir un avantage sexuel de la part de la victime ; seul le caractère intentionnel des agissements devant être démontré, la preuve du délit est inévitablement facilitée. En second lieu, le harcèlement sexuel assimilé n'imposant aucune répétition du comportement, le ministère public n'a besoin de rapporter la preuve que d'un seul acte pour que le délit soit constitué. C'est ainsi la preuve de l'élément matériel de l'infraction qui est simplifiée. En revanche, le harcèlement assimilé exige, à l'inverse du harcèlement à proprement parler, la démonstration du dol spécial, étant précisé que la référence au but simplement « apparent » n'est pas de nature à en faciliter la preuve, en dépit des illusions du législateur sur ce point[136].

53. Quant au délit de harcèlement téléphonique, son extension aux textos émettant un signal sonore et aux messages laissés sur répondeur[137], permet de rendre moins difficile la démonstration de sa

---

134 Art. 311-3 C. pén.

135 Art. 1er et 2 de la loi n° 2012-954 du 6 août 2012 relative au harcèlement sexuel.

136 V. *supra*, n° 36.

137 Crim. 20 févr. 2002, préc. ; 30 sept. 2009, Bull. crim. n° 162 ; *D.* 2009. 2687, obs. GACHI (K.) ; *AJ pénal* 2010. 34, obs. ROYER (G.) ; *RSC* 2009. 838, obs.

commission. En effet, les SMS et messages vocaux étant mémorisés automatiquement, leur utilisation en justice n'implique pas le recours à des moyens de preuves déloyaux. À l'opposé, l'enregistrement d'une communication téléphonique, qui est bien souvent l'unique moyen de dévoiler la teneur des appels, élément indispensable à la caractérisation de la malveillance imposée par l'article 222-16 du Code pénal, peut tomber sous le coup du délit d'atteinte à la vie privée, ce dernier étant notamment caractérisé par l'enregistrement « sans le consentement de leur auteur, des paroles prononcées à titre privé ou confidentiel »[138].
La démonstration de la consommation du délit de harcèlement commercial pose les mêmes problématiques, dès lors qu'il est courant que les sollicitations répétées et insistantes s'effectuent « par téléphone, télécopieur, courrier électronique ou tout autre outil de communication à distance »[139].
Les difficultés probatoires qui sont propres à chacun des délits de harcèlement sont renforcées par certains obstacles à la mise en place de facilités probatoires.

§ 2. - Les limites juridiques à la mise en place de facilités probatoires

54. La loi de modernisation sociale a instauré, en matière prud'homale, un aménagement de la preuve en cas de harcèlement moral ou sexuel. En effet, l'article L. 1154-1 alinéa 1er du Code du travail prévoit que le candidat à un emploi, à un stage ou à une formation ou le salarié d'une entreprise, victime de tels agissements, n'a pas à rapporter la preuve du harcèlement, mais doit simplement établir les faits qui en laissent présumer l'existence. En outre, il incombe à la partie défenderesse d'apporter la preuve que ces agissements ne constituent pas du harcèlement et que son comportement est justifié par des éléments objectifs étrangers à tout harcèlement[140]. Le Conseil constitutionnel a toutefois précisé, dans une décision du 12 janvier 2002, que cette répartition de la charge de

---

MAYAUD (Y.) ; *Dr. pénal* 2009. comm. 147, obs. VERON (M.) ; *JCP* 2009. II. 587, note LASSERRE-CAPDEVILLE (J.).

[138] Art. 226-1, 1° C. pén.

[139] Art. L. 122-11-1 C. consommation.

[140] Art. L. 1154-1, al. 2 C. trav. ; *adde* Communiqué de la Cour de cassation relatif aux arrêts de la Chambre sociale du 24 sept. 2008, n° 1611, 1612, 1613 et 1614.

la preuve n'était pas applicable en matière pénale[141], auquel cas il en résulterait une violation de la présomption d'innocence, garantie par l'article 9 de la Déclaration des droits de l'homme et du citoyen. La présomption d'innocence est également protégée, sur le plan supranational, par l'article 6 § 2 de la Convention européenne de sauvegarde des droits de l'homme. En vertu de ce principe, la charge de la preuve pèse toujours sur le ministère public et s'il existe quelques présomptions simples de culpabilité[142], elles sont exceptionnelles et aucune dérogation au principe n'est prévue en matière de harcèlement, si bien que la personne suspectée ou poursuivie pour délit de harcèlement ne peut en aucune façon être présumée coupable.
La loi de modernisation sociale a également permis l'insertion de dispositions prohibant le harcèlement moral dans le domaine de la fonction publique. La loi du 13 juillet 1983 portant droits et obligations des fonctionnaires[143] prévoit ainsi que l'agent qui aurait procédé à du harcèlement moral, ou qui aurait discriminé un fonctionnaire ayant refusé de subir ce harcèlement, s'expose à des sanctions disciplinaires. Quant au harcèlement sexuel, il est évoqué, mais n'est nullement défini[144]. De plus, rien n'est prévu concernant la répartition de la charge de la preuve du harcèlement, qui a par conséquent été fixée par la jurisprudence. Dans deux décisions du 11 juillet et du 25 novembre 2011[145], le Conseil d'État a précisé qu'il appartient à l'agent public qui s'estime victime de harcèlement de soumettre au juge des éléments de fait susceptibles de faire présumer leur existence, tandis qu'il incombe à l'administration de démontrer que les agissements en cause sont justifiés par des considérations étrangères à tout harcèlement. Non seulement le requérant ne doit fournir qu'un commencement de preuve, mais en plus, le juge administratif pourra, en vertu de ses pouvoirs inquisitoriaux, demander aux parties de compléter les éléments de preuves qu'elles ont apportés, en ordonnant une mesure d'instruction. D'autant que, même en l'absence de commencement de preuve, le Conseil d'État

---

141 Cons. const, décis. 12 janv. 2002 n° 2001-455 DC, préc.

142 V. par ex. art. 225-6, 3° C. pén.

143 Loi n° 83-634 du 13 juill. 1983 portant droits et obligations des fonctionnaires, dite Loi *Le Pors*.

144 En ce sens, v. KOMLY-NALLIER (M.) et CRUSOE (L.), La notion de harcèlement sexuel dans la fonction publique, *AJDA* 2012, p. 1490 s.

145 Conseil d'Etat, 11 juill. 2011, req. n° 321225 ; et 25 nov. 2011, req. n° 353839.

admet depuis l'arrêt Société « Maison Genestal »[146], que la seule argumentation du demandeur suffit à déclencher son pouvoir d'instruction, lui permettant de demander à l'administration les raisons de fait ou de droit de sa décision.

55. L'inconvénient qui résulte de l'inapplicabilité d'une telle répartition de la charge de la preuve en matière pénale est toutefois à nuancer, étant établi que ce n'est pas la victime qui doit rapporter la preuve de la commission du délit de harcèlement, mais le ministère public. Néanmoins, cela peut présenter un risque dans l'hypothèse où le parquet ne parviendrait pas à en démontrer la matérialité, dès lors qu'en vertu du principe d'autorité de la chose jugée du pénal sur le civil, le juge civil ne peut contredire une décision de relaxe fondée sur la non-existence des faits délictueux[147]. Ainsi, dans un arrêt du 3 novembre 2005[148], la chambre sociale a estimé que le juge prud'homal ne peut condamner l'employeur au paiement de dommages-intérêts pour harcèlement sexuel, en présence d'un jugement de relaxe, la matérialité des faits de harcèlement sexuel et la culpabilité de celui auquel ils étaient imputés n'étant pas établies.

56. Au manque d'efficience qui ressort des incriminations de harcèlement, s'ajoute l'absence d'uniformité des objectifs préventifs visés.

---

[146] Conseil d'Etat, 26 janv. 1968, *Société « Maison Genestal »*, *JCP* 1968, I. 2203, chr. COLSON, *JCP* 1968, II. 15581, note BLANCHER.

[147] CARON (D.), Autorité de la chose jugée, *J.-Cl. pén. Code*, août 2010, fasc. 30, n° 49.

[148] CHARBONNEAU (C.), note sous Soc. 3 nov. 2005, n° 03-46.839, *Bull. soc.* n° 269, *CSBP* 2006, n° 177, p. 68 s., Effet relatif du pénal sur le civil.

Chapitre 2. - Des objectifs préventifs divergents

57. Les délits de harcèlement sont loin de constituer un ensemble uniforme, car ils ont vocation à intervenir dans des situations assez variées. L'élaboration disparate de ces délits, qui résulte de la volonté de réprouver des comportements sociétaux décriés à un moment donné dans un domaine particulier, prive de cohérence la politique répressive qui entoure le harcèlement. Ainsi, il n'est pas possible d'identifier un objectif préventif unique et propre au concept de harcèlement ; les objectifs préventifs visés par les différentes incriminations sont clairement divergents. Cette divergence se manifeste sur deux plans : d'une part, quant au degré de protection accordé, qui est variable sur l'*iter criminis* (Section 1), d'autre part, quant à l'objet de cette protection, les délits de harcèlement protégeant des valeurs sociales diverses (Section 2).

Section 1. - Une protection variable sur l'*iter criminis*

58. L'*iter criminis*, ou chemin du crime, traduit le processus de réalisation de l'infraction à l'égard du résultat redouté, qui en constitue l'ultime étape[149]. Sur cet *iter criminis*, le législateur peut librement déplacer, comme un curseur, le résultat pénal, à savoir le seuil d'illicéité requis pour déclencher la répression[150]. Or, en matière de harcèlement, le seuil minimum de répression n'est pas uniformément fixé. En effet, les délits de harcèlement relèvent soit de la catégorie des infractions formelles impliquant une protection en amont sur le chemin du crime (§ 1er), soit de la catégorie des infractions matérielles, induisant une protection plus en aval (§ 2).

§ 1er. - Les délits de harcèlement impliquant une protection en amont

59. Relèvent de la catégorie des infractions formelles, les délits de harcèlement qui sont consommés indépendamment d'une atteinte effective à la valeur protégée, c'est-à-dire ceux pour lesquels la

---

[149] MAYAUD (Y.), *op. cit.*, n° 256.

[150] CONTE (P.) et MAISTRE DU CHAMBON (P.), *op. cit.*, n° 319.

réalisation du dommage n'est pas nécessaire[151]. Le comportement de l'auteur est alors suffisant pour caractériser le harcèlement, même s'il n'emporte aucune conséquence sur la victime : c'est la dangerosité du comportement en lui-même qui est sanctionnée. Étant donné qu'un acte matériel permet, à lui seul, de les consommer, ces délits de harcèlement ont un résultat dit matériel et non pas juridique[152]. Ils se distinguent toutefois des délits obstacles, pour lesquels le lien de causalité entre le comportement délictueux et le résultat sociologique redouté n'est pas immédiat[153] et, par conséquent, est juridiquement inexistant[154]. Néanmoins, ils participent tout comme eux d'une répression plus en amont, ce qui leur confère une portée préventive renforcée.
Cette protection en amont concerne tant les délits qui relèvent formellement du harcèlement (A), que ceux qui en relèvent substantiellement (B).

A. Concernant les délits relevant formellement du harcèlement

60. Le délit de harcèlement professionnel ou de harcèlement moral est une infraction formelle dès lors qu'il est consommé par des agissements répétés « susceptibles de »[155] porter atteinte aux droits et à la dignité, d'altérer la santé physique ou mentale, ou de compromettre l'avenir professionnel d'autrui. Assurément, cette formulation implique que les conséquences issues de la dégradation des conditions de travail n'ont pas à être avérées[156], mais que leur simple potentialité de réalisation suffit à caractériser le délit, comme l'a précisé la chambre criminelle dans une décision du 6 décembre 2011[157]. En outre, l'exigence que les agissements aient « pour effet

[151] CONTE (P.) et MAISTRE DU CHAMBON (P.), *op. cit.*, n° 306 et 321; MAYAUD (Y.), *op. cit.*, n° 192 ; PRADEL (J.), Droit pénal comparé, *Dalloz*, 3e éd., 2008, n° 63.
[152] V. en ce sens CONTE (P.) et MAISTRE DU CHAMBON (P.), *op. cit.*, n° 317-318.
[153] V. en ce sens MERLE (R.) et VITU (A.), Traité de droit criminel, t. 1, Problèmes généraux de la science criminelle, *Cujas*, 7e éd., 2000, n° 515.
[154] V. en ce sens CONTE (P.) et MAISTRE DU CHAMBON (P.), *op. cit.*, n° 345.
[155] Art. 222-33-2 C. pén.
[156] V. en ce sens, AMBROISE-CASTEROT (C.), *op. cit.*, n° 119.
[157] MISTRETTA (P.), comm. sous Crim. 6 déc. 2011, n° 10-82.266, *JCP G* 2012, n° 14, 410.

une dégradation des conditions de travail » n'enlève rien au caractère formel du délit, son rôle se limitant à en préciser l'élément matériel, à savoir le type de comportement qui est inclus ou exclu du champ du harcèlement ; en voulant définir le contenu de l'acte matériel par ses conséquences sur les conditions de travail, le législateur a été particulièrement maladroit[158]. D'autant plus que cette exigence de dégradation ne renvoie pas à la valeur sociale protégée, qui réside dans la préservation des droits et de la dignité du salarié, de sa santé et de son avenir professionnel.

61. Une solution identique parait s'imposer pour les deux délits de harcèlement sexuel, car le nouvel article 222-33 du Code pénal dispose en son § 1er que le harcèlement sexuel par actes répétés peut être caractérisé : soit lorsque les propos ou comportements perpétrés envers la victime « portent atteinte à sa dignité en raison de leur caractère dégradant ou humiliant », soit lorsqu'ils « créent à son encontre une situation intimidante, hostile ou offensante ». À l'inverse de l'atteinte à la dignité qui doit impérativement être concrétisée, la création d'une situation intimidante, hostile ou offensante, n'implique pas *ipso facto* que la victime se sente effectivement intimidée, agressée ou offensée ; la réalisation du préjudice n'est donc, dans cette seconde hypothèse, pas nécessaire à la consommation du délit. Or, si dans l'esprit du législateur il existe deux situations bien distinctes, la réalité est tout autre. En effet, il résulte des termes employés que les deux hypothèses se confondent au point de n'en former qu'une seule, car comment pourrait-on émettre des propos à caractère dégradant ou humiliant sans simultanément créer une situation hostile, autrement dit inamicale, offensante, voir intimidante ? La multiplication des termes approximatifs et redondants est d'autant plus regrettable que le degré de précision d'une infraction ne dépend pas de la quantité des mots utilisés, mais de la qualité de ceux-ci. Quant au harcèlement sexuel assimilé, il est constitué dès que l'auteur exerce une pression grave dans le but d'obtenir un acte de nature sexuelle, qu'il l'ait recherché à son profit ou à celui d'un tiers. Il est uniquement exigé que l'auteur ait recherché l'obtention de cet acte sexuel, sans imposer la réussite de cette entreprise ; c'est donc l'exercice de la pression en elle-même qui est répréhensible, que la victime y a ou non cédé. La liberté de

---

158 V. *supra*, n° 32.

consentir à l'acte sexuel est ainsi protégée en amont, ce qui fait du harcèlement par acte unique une infraction formelle.

B. Concernant les délits relevant substantiellement du harcèlement

62. S'agissant ensuite du délit de harcèlement commercial, il est constitué lorsque la pratique commerciale « altère ou est de nature à altérer de manière significative la liberté de choix », « vicie ou est de nature à vicier le consentement » et « entrave l'exercice des droits contractuels » du consommateur. Or, dans les deux premières situations la pratique commerciale doit simplement être « de nature à », ce qui signifie qu'une atteinte effective n'est pas nécessaire, conférant à l'infraction une nature formelle. Le consommateur est alors protégé en amont, indépendamment du fait que son consentement n'ait pas été, *in fine*, véritablement altéré ou vicié. En outre, la multiplication des redondances : « elle altère ou est de nature à altérer » « elle vicie ou est de nature à vicier », rallonge la définition du délit et n'apporte strictement rien à sa compréhension, car il est bien évident que s'il est consommé en considération du seul comportement de l'auteur, il l'est *a fortiori* lorsque ce comportement est à l'origine d'un préjudice. Toutefois, dans la troisième situation, qui concerne non plus la liberté de consentement contractuel, mais l'exercice des droits rattachés au contrat, le préjudice parait devoir être réalisé, puisqu'il est exigé une « entrave à l'exercice des droits », si bien que le délit semble tantôt formel, tantôt matériel[159].

63. S'agissant enfin du harcèlement téléphonique, l'article 222-16 du Code pénal énonce que sont punis d'un an d'emprisonnement et de 15 000 euros d'amende, les appels téléphoniques malveillants réitérés, sans toutefois apporter de précision supplémentaire et, par conséquent, sans exiger que le délit soit à l'origine d'une atteinte à l'intégrité physique ou psychique de la victime[160]. Néanmoins, deux éléments amènent à douter de la nature formelle du délit : son origine historique et son emplacement dans le Code pénal. Avant la consécration de l'autonomie du délit par le Code pénal de 1992, les appels

---

[159] V. en ce sens, CONTE (P.), Brèves observations à propos de l'incrimination des pratiques commerciales agressives, *Dr. pénal* 2008, étude 3, n° 10.

[160] V. en ce sens, CASILE-HUGUES (G.), Appels téléphoniques malveillants et agressions sonores, *Rép. pén. Dalloz*, janv. 2008, n° 2.

téléphoniques malveillants étaient incriminés sur le fondement des violences et voies de fait. La chambre criminelle a notamment estimé, dans un arrêt du 3 janvier 1969[161], qu'en raison de leur multiplicité et de leur caractère intempestif, des appels téléphoniques étaient constitutifs du délit de violences avec préméditation. Si le harcèlement téléphonique est dorénavant consacré dans un texte à part entière, qui contient également le délit d'agressions sonores, il est toutefois introduit dans un paragraphe du Code intitulé « des violences ». Or, les violences volontaires font partie de la catégorie des infractions matérielles de résultat, dès lors que les sanctions qu'elles font encourir sont échelonnées en fonction de la gravité du préjudice subi par la victime. La peine encourue peut ainsi aller de 15 ans de réclusion criminelle en cas de violences ayant entrainé la mort sans intention de la donner, à une simple contravention de 4e classe lorsqu'elles n'ont entrainé aucune incapacité totale de travail et qu'il n'existe pas de circonstance aggravante. Pourtant, en créant le délit d'appels téléphoniques, le législateur a bel et bien voulu consacrer son autonomie à l'égard des violences volontaires, notamment en lui donnant une nature formelle[162] : non seulement le harcèlement téléphonique n'est pas une infraction de résultat puisque la peine qu'il fait encourir est toujours identique, mais il n'est pas non plus une infraction matérielle, le préjudice effectif de la victime étant indifférent à sa consommation. S'il voulait en faire une infraction matérielle, le législateur aurait expressément exigé une atteinte à l'intégrité psychique, comme c'est le cas en matière d'administration de substances nuisibles. Mais il n'en est rien. La circulaire d'application[163] précise d'ailleurs qu'en cas de troubles physiques effectifs consécutifs à des appels téléphoniques, d'autres qualifications figurant parmi les infractions contre les personnes, pourront s'appliquer, s'associant ainsi à la volonté législative, en faisant intervenir le délit en amont, mais en le laissant s'effacer au profit d'autres qualifications en cas de matérialisation du préjudice.

Une décision rendue par la chambre criminelle le 4 mars 2003[164] parait corroborer cette thèse. En l'espèce, la cour d'appel avait écarté

---

[161] Crim. 3 janv. 1969 n° 68-91.288, Bull. crim. n° 1.

[162] V. en ce sens CONTE (P.), Droit pénal spécial, *LexisNexis*, 4e éd., 2013, n° 159 ; DREYER (E.), Droit pénal spécial, *Ellipses*, 2e éd., 2012, n° 472.

[163] Circulaire du 14 mai 1993 présentant les dispositions du nouveau Code pénal et de la Loi n° 92-1336 du 16 déc. 1992 relative à son entrée en vigueur.

[164] Crim. 4 mars 2003, n° 02-86.172, Bull. crim. n° 57.

la consommation du délit, notamment en raison de « la teneur de la communication [qui] portant sur des faits de viol sur enfant handicapé était seulement susceptible d'éveiller l'attention de la correspondante sans la perturber personnellement ». La Cour de cassation a cassé la décision au motif que la cour d'appel « n'a pas recherché si l'intention de troubler la tranquillité d'autrui et le caractère malveillant des appels ne se déduisaient pas du contenu même du message », sans toutefois analyser l'existence d'un trouble effectif, démontrant ainsi son indifférence à l'égard de ce critère. Cette solution est cohérente, dès lors qu'il n'y a pas lieu de rajouter à la loi des exigences qu'elle ne comporte pas. Par conséquent, le choix d'introduire le délit d'appels téléphoniques dans un paragraphe du Code réservé aux violences n'est pas des plus judicieux : pour une partie de la doctrine, il aurait dû être inséré dans le paragraphe visant les menaces[165], au titre des infractions susceptibles de troubler la tranquillité d'autrui.

Si les cinq délits de harcèlement précités impliquent tous une volonté de protection en amont de la part du législateur, le harcèlement psychologique au sein du couple, qui n'est consommé qu'en cas de réalisation du préjudice, vient briser cette harmonie.

§ 2. - La protection en aval résultant de la prohibition du harcèlement conjugal

64. L'article 222-33-2-1 du Code pénal dispose que les agissements répétés doivent se traduire par une altération de la santé physique ou mentale de l'actuel ou d'un ancien conjoint, pacsé, ou concubin. Le délit n'est donc constitué qu'en cas d'atteinte effective à la valeur redoutée, en l'occurrence, la protection de l'intégrité physique et psychique du harcelé, ce qui lui confère le statut d'infraction matérielle[166]. De plus, les peines sont échelonnées en fonction de l'importance du préjudice : lorsque les faits n'ont entrainé aucune incapacité totale de travail ou une incapacité inférieure ou égale à huit jours, la peine encourue correspond à trois ans d'emprisonnement et 45 000 euros d'amende, alors qu'en cas d'incapacité supérieure à huit jours, elle est portée à cinq ans d'emprisonnement et 75 000 euros d'amende. Par conséquent, au même titre que les violences volontaires, le harcèlement au sein du couple est une infraction

[165] RASSAT (M.-L.), Droit pénal spécial, *Dalloz*, 6e éd., 2011, n° 304.
[166] Sur la définition de l'infraction matérielle, v. MAYAUD (Y.), *op. cit.*, n° 191.

matérielle dont la répression est tributaire du résultat[167]. Pourtant, le harcèlement conjugal se situe dans une section III bis du Code pénal contenant également le délit de harcèlement professionnel et intitulée « du harcèlement moral ». Or, si ces deux délits se réfèrent tous deux à des « agissements répétés ayant pour objet ou pour effet une dégradation des conditions » de travail ou de vie, leur similarité s'arrête là. En réalité, le harcèlement conjugal semble plus proche des violences psychologiques, qui sont consacrées à l'article 222-14-3 du Code pénal, et qui répondent à la même échelle de peine que les violences volontaires classiques. En conséquence, la création du délit de harcèlement conjugal n'est pas la manifestation d'une protection accentuée par rapport à l'infraction de violences, dans la mesure où elle ne garantit ni une protection plus en amont ni une répression particulièrement renforcée.

65. En effet, les violences ayant entrainé une incapacité totale de travail inférieure ou égale à huit jours ou n'en ayant entrainé aucune, font encourir une peine aggravée à trois ans d'emprisonnement et 45 000 euros d'amende, lorsqu'elles sont commises par le conjoint, le concubin et, depuis la loi du 4 avril 2006[168], par le partenaire lié par un pacte civil de solidarité[169]. Dans cette hypothèse, les peines prévues sont donc identiques pour les deux délits. En revanche, lorsque les violences sont aggravées par deux circonstances, c'est-à-dire à la fois par la qualité de conjoint, de concubin ou de pacsé et par une des autres circonstances listées par l'article 222-13 du Code pénal, telle que l'ivresse manifeste[170], les peines sont portées à cinq ans d'emprisonnement et 75 000 euros d'amende, en cas d'incapacité inférieure ou égale à huit jours[171]. Dans ce cas précis, les peines encourues sont supérieures à celles qui sont envisagées en matière de harcèlement au sein du couple, celui-ci ne prévoyant aucune circonstance aggravante, la qualité de concubin, de pacsé ou de

[167] V. en ce sens AMBROISE-CASTEROT (C.), *op. cit.*, n° 123.

[168] Loi n° 2006-399 du 4 avr. 2006 renforçant la prévention et la répression des violences au sein du couple ou commises contre les mineurs.

[169] Art. 222-13, 6° C. pén.

[170] Art. 222-13, 14° C. pén.

[171] Art. 222-13 C. pén, dernier alinéa.

conjoint n'en étant pas une, puisque constituant une condition préalable à la caractérisation du délit[172].

A contrario, la qualité d'ancien concubin, conjoint ou pacsé, ne peut en aucun cas constituer une circonstance aggravante dans le cadre des violences, dès lors qu'elle n'y est pas spécifiquement prévue. À ce titre, la chambre criminelle a approuvé la décision de la cour d'appel de Poitiers, consistant à retenir la simple contravention de violences, en excluant la circonstance aggravante d' « ex », envisagée de manière générale par l'article 132-80, alinéa 2 du Code pénal, au motif que celle-ci n'est opérante que lorsqu'elle est prévue par un crime ou un délit[173]. Effectivement, cet article se situe dans une partie du Code consacrée aux définitions des circonstances aggravantes, bien qu'il ne définisse en rien la notion d'ex-concubin, conjoint ou pacsé ; par conséquent, il ne saurait justifier à lui seul l'aggravation de la répression. Subséquemment, en cas de violences commises par un « ex », et en l'absence d'aggravation de la répression provoquée par une autre circonstance, l'auteur n'encourt qu'une simple contravention, alors que le harcèlement conjugal est un délit, qui envisage une peine d'emprisonnement.

Il en résulte que l'intérêt du délit de harcèlement au sein du couple parait se limiter à sa référence expresse aux anciens conjoints, pacsés ou concubins, mais dans ce cas ne suffisait-il pas d'ériger cette condition en circonstance aggravante de l'infraction de violences ? L'échelle des peines qui est prévue en matière de harcèlement conjugal est en tout cas clairement incohérente, car prévoyant tantôt des sanctions plus légères, équivalentes ou supérieures à celles des violences, pour une même situation.

66. À cette variabilité de protection sur l'*iter criminis*, se cumule la diversité des valeurs sociales qui sont protégées par les différents délits de harcèlement.

---

[172] V. sur la distinction entre élément constitutif et condition préalable : MAYAUD (Y.), *op. cit.*, n° 199.

[173] Crim. 16 déc. 2009, n° 09-83.174, Bull. crim. n° 213.

Section 2. - La diversité des valeurs sociales protégées

67. « Le droit est une écume à la surface de la société »[174], si bien que le choix d'ériger tel ou tel comportement en infraction pénale n'est pas le fruit du hasard, mais exprime la volonté de protéger certaines valeurs, considérées comme fondamentales dans un lieu et à une époque donnés. À ce sujet, le harcèlement soulève une double problématique : le manque d'uniformité découlant de l'absence d'identification d'une valeur sociale communément protégée par l'ensemble des délits de harcèlement, vient se coupler à la complexité d'établir pour chacun d'eux une valeur sociale clairement déterminée. En effet, si certains délits de harcèlement visent la protection du consentement du harcelé (§ 1er), d'autres protègent une valeur sociale difficilement identifiable (§ 2).

§ 1er. - Les délits de harcèlement visant la protection du consentement

68. Selon le professeur Pin, le harcèlement sexuel est une véritable infraction de captation du consentement[175]. En effet, le délit de harcèlement sexuel assimilé semble clairement viser la préservation de la liberté sexuelle, dans la mesure où il interdit l'usage « de toute forme de pression grave » afin « d'obtenir un acte de nature sexuelle », ce qui renvoie à une sorte de chantage sexuel[176]. L'idée que la valeur sociale protégée réside dans le consentement à l'acte sexuel, est renforcée tant par l'emplacement du délit dans une section intitulée « des agressions sexuelles » que par le fait qu'un seul acte suffise à le consommer, ce qui le rapproche d'autant du délit d'agression sexuelle, dès lors que ce dernier peut être commis par un recours à la « menace ». Justement, l'infraction d'agression sexuelle sanctionne de façon non équivoque les atteintes portées à la liberté sexuelle[177]. Cependant, certains auteurs estiment que le délit n'est pas sans lien avec l'idée de dignité de la personne, car le harcèlement sexuel contribue à la métamorphoser en « objet de convoitise

---

174 CARBONNIER (J.), Flexible droit, *LGDJ*, 10e éd., 2001, p. 24.

175 PIN (X.), Le consentement en matière pénale, *LGDJ, Bibl. des sciences criminelles*, 2002, t. 36, n° 66.

176 V. en ce sens, CONTE (P.), préc., *Dr. pénal* 2012, étude 24, n° 13.

177 V. en ce sens MALABAT (V.), Infractions sexuelles, *Rép. pén. Dalloz*, oct. 2002, n° 20.

sexuelle »[178], regrettant ainsi qu'il n'ait pas été introduit dans la partie du Code réservée aux atteintes à la dignité[179]. Toutefois, l'atteinte à la dignité de la victime parait plutôt constituer un effet collatéral de la captation du consentement sexuel, que la véritable valeur sociale protégée par le délit.

69. Le délit de pratiques commerciales agressives est une illustration de la prolifération des infractions ayant pour objet la protection du consentement de l'individu, car si ce n'est pas, à l'image du harcèlement sexuel assimilé, le consentement à l'acte sexuel qui est protégé, c'est celui de contracter et d'exercer pleinement ses droits contractuels qui l'est. En effet, l'article L. 122-11 du Code de la consommation dispose qu'une pratique commerciale est agressive lorsque, du fait de sollicitations répétées et insistantes ou de l'usage d'une contrainte physique ou morale, elle est de nature à altérer de manière significative la liberté de choix du consommateur ou à vicier son consentement, à moins qu'elle n'entrave l'exercice de ses droits contractuels. Contrairement aux quatre délits de harcèlement moral et sexuel, il ne parait pas renvoyer aux concepts de dignité ou de discrimination, que ce soit explicitement ou même implicitement. Effectivement, l'individu amené à subir de tels comportements n'est pas la victime de propos touchant objectivement sa dignité ou possédant un caractère discriminatoire, mais uniquement de manœuvres mercantiles, qui aboutissent dans un premier temps, soit à le priver de sa liberté de choix, par un recours à la contrainte, soit à un degré moindre, à altérer cette capacité de choix, au travers d'un harcèlement commercial. Ces deux premières hypothèses concernent la phase précontractuelle, comme en témoigne notamment la référence expresse aux vices du consentement. En effet, l'erreur, le dol ou erreur provoquée, et la violence qui renvoie à la notion de contrainte invoquée dans le délit de pratiques commerciales, vicient le consentement d'une partie au contrat, soit en la privant de certaines informations déterminantes, soit en la contraignant à conclure. Ainsi, la référence à la privation de la liberté de choix fait doublon avec les vices du consentement, dès lors que cette privation ne peut résulter

[178] SEUVIC (J.-F.), Variations sur l'humain, comme valeurs pénalement protégées, *in* Mél. Bolze, *Economica*, éd. 1999, p. 363.
[179] V. en ce sens MISTRETTA (P.), La protection de la dignité de la personne et les vicissitudes du droit pénal, *JCP G* 2005, n° 1, I. 100.

que d'une contrainte, à laquelle la violence physique ou psychologique permet d'aboutir.
À l'opposé, l'exigence d'une entrave portée à l'exercice des droits contractuels, laisse supposer que l'atteinte n'a pas lieu avant la conclusion du contrat, mais au cours de l'exécution de ce dernier. Cette troisième hypothèse se distingue donc des deux autres par l'appréhension d'une phase temporelle différente ; elle prohibe, non pas les comportements antérieurs au contrat qui en ont conditionné la conclusion, mais ceux qui y sont postérieurs et qui en polluent l'exercice. Par conséquent, le délit entend préserver deux valeurs sociales distinctes, à savoir, la protection du consentement au contrat et la préservation de l'exercice des droits contractuels du consommateur.
Si les délits de pratiques commerciales agressives et de harcèlement sexuel assimilé visent clairement la protection du consentement, que celui-ci soit contractuel ou sexuel, les valeurs sociales protégées par les autres délits de harcèlement sont moins faciles à déterminer.

§ 2. - Les délits de harcèlement protégeant une valeur sociale difficilement identifiable

La difficulté à identifier une valeur sociale précise touche tant le délit de harcèlement sexuel par agissements répétés (A), que les autres délits de harcèlement (B).

A. Le délit de harcèlement sexuel par agissements répétés

70. Les travaux parlementaires relatifs à l'adoption du Code pénal de 1992 prévoyaient originairement d'introduire le délit de harcèlement sexuel dans la partie du code réservée aux discriminations[180], mais c'est finalement dans la partie consacrée aux agressions sexuelles qu'il a été définitivement inséré. L'emplacement final du délit, et surtout la nécessité de caractériser de la part de l'auteur la volonté d'obtenir des faveurs de nature sexuelle, faisaient plutôt pencher la valeur sociale protégée du côté de la liberté de consentir à l'acte sexuel. Cette valeur protégée était d'autant plus identifiable avant 2002, lorsque le harcèlement devait impérativement se réaliser par le biais d'ordres, de menaces, de contraintes ou de

[180] ANZIANI (A.), Rapport du Sénat n° 619, session 2011-2012, p. 21.

pressions graves, effectués par une personne abusant de l'autorité conférée par ses fonctions.

Désormais, nonobstant le fait que la loi du 6 août 2012 maintienne les deux infractions de harcèlement sexuel à l'emplacement du Code pénal réservé aux agressions sexuelles, la définition du harcèlement sexuel par actes répétés n'est pas en adéquation avec ce maintien et jette par conséquent un doute concernant la valeur sociale réellement protégée par ce délit. Non seulement l'article 222-33, I, fait dorénavant expressément référence à « une atteinte à la dignité » du harcelé, mais encore il n'impose plus la démonstration du dol spécial résidant dans la volonté d'obtenir un acte sexuel. Il est par conséquent légitime de s'interroger sur l'existence d'un changement de valeur sociale protégée. En réalité, il est tout à fait concevable qu'une même et unique infraction protège simultanément plusieurs valeurs sociales. Ainsi, le législateur actuel considère que le harcèlement sexuel relève tout autant de l'atteinte à la dignité et à l'intégrité psychique de la personne que de l'atteinte à son consentement sexuel[181]. Toutefois, parmi cette multiplicité de valeurs protégées, il est possible d'en identifier une qui l'est prioritairement, autrement dit, celle qui d'après la lecture des éléments constitutifs du délit parait prendre le pas sur les autres. En l'occurrence, la valeur prioritairement protégée par le harcèlement sexuel par agissements répétés a été modifiée[182], celle-ci étant passée de la préservation de la liberté sexuelle à celle de la dignité du harcelé. En effet, même si les agissements du harceleur se doivent d'être sexuellement connotés, ils n'ont pas pour autant à être accomplis en vue de l'obtention d'un acte sexuel, ce qui relègue la protection du consentement sexuel au second plan et hisse le respect de la dignité humaine sous le feu des projecteurs : la tenue de propos grossiers, vulgaires ou de gestes déplacés en rapport avec la sexualité, étant évidemment de nature à porter atteinte à l'honneur de la victime.

Cependant, on peut se demander si, au-delà du respect de la dignité, le délit ne consacre pas le principe d'égalité entre individus, au travers de l'interdiction des discriminations. Il existe effectivement un lien de parenté direct entre la nouvelle définition du harcèlement par actes

[181] Rapport du Sénat n° 619, *op. cit.*, p. 20.

[182] V. en ce sens, DREYER (E.), Que veut-on protéger au titre du harcèlement sexuel ?, *JCP G* 2012, n° 1057, p. 1805 s.

répétés et celle de la directive du 5 juillet 2006[183], qui appréhende le harcèlement comme une discrimination compromettant l'égalité entre les sexes. Une directive du 23 septembre 2002 précisait déjà que le harcèlement sexuel est une forme de discrimination qu'il convient d'interdire[184]. Néanmoins, réduire le harcèlement sexuel à une simple discrimination fondée sur le sexe constitue une assimilation relativement réductrice, étant établi que le harcèlement n'est pas uniquement effectué en considération du sexe de la victime, mais aussi en raison de ses caractéristiques personnelles, entre autres son physique, ou le fait qu'elle soit particulièrement vulnérable. Toutefois, la définition actuelle du harcèlement par actes répétés est moins antagoniste avec le concept de discrimination qu'auparavant, dès lors que l'infraction est rapprochée d'une forme de harcèlement moral à connotation sexuelle. En effet, l'amputation du dol spécial permet dorénavant d'inclure dans le champ du délit, des agissements dont la visée ne serait plus systématiquement l'obtention de faveurs sexuelles, mais qui auraient aussi pour objet la discrimination d'un individu en raison du rejet de son orientation sexuelle, par le biais de paroles ou de gestes sexuellement connotés. Dans cette hypothèse, le harcèlement sexuel par agissements répétés se rapproche fortement d'une discrimination fondée, non pas sur le sexe, mais sur l'orientation sexuelle.

B. Les autres délits de harcèlement

71. Le délit de harcèlement moral interdit, quant à lui, la commission d'actes répétés susceptibles d'attenter aux droits et à la dignité, mais aussi d'altérer la santé physique ou mentale ou de compromettre l'avenir professionnel d'autrui. Sont ainsi à la fois protégées la dignité de la personne humaine et l'intégrité corporelle et psychique de l'individu. Plus globalement, le délit parait protéger le respect d'autrui, dans le cadre particulier qu'est le domaine

[183] Directive 2006/54/ce du Parlement européen et du Conseil du 5 juill. 2006, relative à la mise en œuvre du principe de l'égalité des chances et de l'égalité de traitement entre hommes et femmes en matière d'emploi et de travail.

[184] Directive 2002/73/CE du Parlement européen et du Conseil du 23 sept. 2002, modifiant la directive 76/207/CEE du Conseil relative à la mise en œuvre du principe de l'égalité de traitement entre hommes et femmes en ce qui concerne l'accès à l'emploi, à la formation et à la promotion professionnelles, et les conditions de travail.

professionnel. Cependant, la protection du respect d'autrui est une notion suffisamment large pour correspondre à une grande majorité des infractions du Code pénal, on ne peut par conséquent la considérer comme spécifique au délit de harcèlement moral. Il en résulte que la valeur sociale protégée par ce dernier est difficilement identifiable, mais on peut considérer que le délit étant inséré dans un chapitre du Code consacré aux atteintes à l'intégrité physique ou psychique de la personne, et non pas dans celui réservé aux atteintes à la dignité, il prohibe prioritairement cette première catégorie d'atteintes. Toutefois, d'aucuns ont pu exprimer le regret qu'il ne figure pas dans l'emplacement du Code consacré aux atteintes à la dignité[185], dans la mesure où il protège l'individu contre des comportements asservissants.
Tout comme le harcèlement professionnel, le harcèlement au sein du couple figure dans une section III bis du Code pénal intitulée « du harcèlement moral ». Il est donc considéré comme un type de harcèlement moral, mais applicable dans un contexte familial et donc entre conjoints, pacsés, concubins ou « ex », alors que le harcèlement moral au sens strict, s'applique exclusivement aux relations de travail. En conséquence, on peut se demander si le législateur n'a pas entendu conférer à ces deux infractions une valeur protégée identique, d'autant que les éléments constitutifs du délit de harcèlement conjugal le rapprochent de l'infraction de violences psychologiques qui protège également l'intégrité physique et psychique de la personne.

72. Quant au délit d'appels téléphoniques malveillants, s'il est inséré dans un paragraphe du Code pénal réservé aux violences en raison de son origine historique, il est légitime de se demander s'il ne protège pas plutôt les atteintes à la tranquillité d'autrui. Cependant, depuis la modification rédactionnelle de l'article 222-16 du Code pénal, seules les agressions sonores paraissent s'y référer, tandis que les appels téléphoniques semblent uniquement renvoyer à la malveillance. Toutefois, l'insertion de deux délits différents dans une même phrase complique l'identification des conditions qui appartiennent à chacun, et il n'est pas exclu que le trouble à la tranquillité d'autrui reste une valeur protégée commune aux deux infractions.

---

[185] MISTRETTA (P.), préc., *JCP G* 2005, n° 1, I. 100.

73. Il résulte de ces constatations, que les six délits de harcèlement protègent des valeurs sociales diversifiées. Ils sont plus généralement dissemblables à tous niveaux, ce qui rend impossible l'identification d'un concept unifié de harcèlement. Il ne reste plus qu'à espérer que le législateur intervienne afin d'y introduire un minimum de cohérence, en substituant à l'élaboration décousue des incriminations à laquelle il a pris l'habitude de recourir, une politique répressive portée par une vision d'ensemble.

Bibliographie

I. Ouvrages généraux et historiques

- AMBROISE-CASTEROT (C.), Droit pénal spécial et des affaires, *Gualino*, 3e éd., 2012, 528 pp.
- BONGERT (Y.), Histoire du droit pénal, *Panthéon-Assas Paris II*, éd. 2012, 520 pp.
- BOULOC (B.), Droit pénal général, *Dalloz*, 22e éd., 2011, 732 pp.
- BUISSON (J.) et GUINCHARD (S.), Procédure pénale, *LexisNexis*, 8e éd., 2012, 1634 pp.
- CONTE (P.), Droit pénal spécial, *LexisNexis*, 4e éd., 2013, 492 pp.
- CONTE (P.) et MAISTRE DU CHAMBON (P.), Droit pénal général, *Armand colin*, 7e éd., 2004, 394 pp.
- DREYER (E.) :
  . Droit pénal général, *LexisNexis*, 2e éd., 2012, 1228 pp.
  . Droit pénal spécial, *Ellipses*, 2e éd., 2012, 732 pp.
- MALABAT (V.), Droit pénal spécial, *Dalloz*, 5e éd., 2011, 568 pp.
- MALABAT (V.), DE LAMY (B.) et GIACOPELLI (M.) :
  . La réforme du Code pénal et du Code de procédure pénale, Opinio doctorum, *Dalloz*, éd. 2009, 410 pp.
  . Droit pénal : le temps des réformes, *LexisNexis*, *colloques et débats*, éd. 2011, 288 pp.
- MAYAUD (Y.), Droit pénal général, *PUF*, 3e éd., 2010, 647 pp.
- MERLE (R.) et VITU (A.), Traité de droit criminel, t. 1, Problèmes généraux de la science criminelle, *Cujas*, 7e éd., 2000, 1068 pp.
- PRADEL (J.) :
  . Droit pénal comparé, *Dalloz*, 3e éd., 2008, 892 pp.
  . Droit pénal spécial, *Cujas*, 5e éd., 2010, 730 pp.
  . Droit pénal général, *Cujas*, 19e éd., 2012, 756 pp.
- RASSAT (M.-L.), Droit pénal spécial, *Dalloz*, 6e éd., 2011, 1296 pp.
- VERON (M.), Droit pénal spécial, *Sirey*, 14e éd., 2012, 494 pp.

II. Monographies et thèses

- BEDOUHENE (S.), Les aspects juridiques du harcèlement moral dans les entreprises, th. dactyl., Nice, 2005.
- CASADO BOLIVAR (C.), Le harcèlement moral en France et en Grande-Bretagne, th. dactyl., Montpellier, 2004.

- CLAVERIE-ROUSSET (C.), L'habitude en droit pénal, th. dactyl., Bordeaux, 2011.
- MEYNADIER (F.), Le harcèlement professionnel, th. dactyl., Montpellier, 2007.
- MICHELETTI (A.), La protection pénale de la femme, th. dactyl., Nice, 2004.
- PIN (X.), Le consentement en matière pénale, préf. P. Maistre du Chambon, *LGDJ, Bibl. des sciences criminelles*, éd. 2002, t. 36.
- SIMIAN (R.), Le harcèlement en droit pénal, th. dactyl., Nice, 2005.

III. Chroniques et articles de doctrine

- ADAM (P.), Harcèlement sexuel : le temps de la reconstruction, *AJCT* 2013, p. 24.
- AMBROISE-CASTEROT (C.) :
. Consommation, *Rép. pén. Dalloz*, mai 2009.
. Les nouvelles pratiques commerciales déloyales après la loi LME du 4 août 2008, *AJ pénal* 2009, p. 22.
- AMBROISE-CASTEROT (C.) et FRICERO (N.), La loi du 9 juillet 2010 relative aux violences faites aux femmes : nouvelles armes juridiques, *RJPF* 2010, n° 9.
- BIOLAY (J.-J.), La nouvelle directive européenne relative aux pratiques déloyales : défense prioritaire du consommateur et pragmatisme, *Gaz. Pal.* 2005, n° 314, p. 3.
- CARON (D.), Autorité de la chose jugée, *J.-Cl. pénal Code*, août 2010, fasc. 30.
- CASILE-HUGUES (G.), Appels téléphoniques malveillants et agressions sonores, *Rép. Pén., Dalloz*, janvier 2008.
- CERF-HOLLENDER (A.), Imprécis et imprévisible délit de harcèlement sexuel, *RSC* 2012. 380.
- CLAVERIE-ROUSSET (C.), La légalité criminelle, *Dr. pénal* 2011, n° 9, étude 16.
- CONTE (P.) :
. Une nouvelle fleur de légistique : le crime en boutons. À propos de la nouvelle définition du harcèlement sexuel, *JCP G* 2002, n° 30, act. 320.
. Brèves observations à propos de l'incrimination des pratiques commerciales agressives, *Dr. pénal* 2008, étude 3.
. *Invenias disjecti membra criminis* : lecture critique de la nouvelle définition du harcèlement sexuel, *Dr. pénal* 2012, étude 24.

- DEKEUWER-DEFOSSEZ (F.), Le harcèlement sexuel en droit français : discrimination ou atteinte à la liberté ?, *JCP G* 1993, n° 13, I. 3662.
- DETRAZ(S.), Harcèlement sexuel : justification et portée de l'inconstitutionnalité, *D.* 2012, p. 1372.
- DREYER (E.) :
. Commentaire des dispositions de la loi du 6 août 2012 relative au harcèlement sexuel, *Gaz. Pal.* 2012, n° 301, p. 8.
. Que veut-on protéger au titre du harcèlement sexuel ?, *JCP G* 2012, n° 1057, p. 1805.
- DUVERT (C.) :
. Harcèlement moral, *J.-Cl. pénal Code*, mars 2003, fasc. 20.
. Harcèlement sexuel, *J.-Cl. pénal Code*, janv. 2004.
- FORTIS (E.) et SEGONDS (M.), La dépénalisation du droit du travail : un objectif caduc ?, *Dr. trav.* 2012, p. 402.
- GUERIN (D.), Le harcèlement sexuel : une copie à refaire pour le législateur, *Dr. pénal* 2012, n° 6, étude 12.
- KATZ (C.), Le délit de harcèlement moral. Une incrimination nécessaire ? Une application problématique, *AJ Pénal* 2005, p. 13.
- KEREBEL (F.), Abrogation du délit de harcèlement sexuel : une décision courageuse, *Gaz. Pal.* 2012, n° 138, p. 9.
- KOERING-JOULIN (R.), Droits fondamentaux et droit criminel, *AJDA* 1998, p. 106.
- KOMLY-NALLIER (M.) et CRUSOE (L.), La notion de harcèlement sexuel dans la fonction publique, *AJDA* 2012, p. 1490.
- LEBORGNE-INGELAERE (C.), Le harcèlement sexuel dans le Code du travail depuis la loi du 6 août 2012 : entre avancées et imperfections, *JCP S* 2012, n° 40, p. 12.
- MALABAT (V.), Infractions sexuelles, *Rép. pén. Dalloz*, oct. 2002.
- MARECHAL (J.-Y.), Harcèlement sexuel : nouvelle définition et nouvelles malfaçons, *JCP G* 2012, n° 37, p. 1610.
- MAYAUD (Y.) :
. Violences volontaires, *Rép. pén. Dalloz*, oct. 2008.
. Du harcèlement sexuel au harcèlement moral : un enjeu de légalité, *RLCT* 2012, n° 83, p. 17.
. Le délit de harcèlement sexuel : histoire d'une abrogation fatale !, *RSC* 2012. 371.
- MISTRETTA (P.) :
. La protection de la dignité de la personne et les vicissitudes du droit pénal, *JCP G* 2005, n° 1, I. 100.

. Harcèlement, *Rép. pén. Dalloz*, sept. 2007.
- MONTEIRO (E.), Le concept de harcèlement moral dans le Code pénal et le Code du travail, *RSC* 2003. 277.
- MOUREY (L.), Les délits de harcèlement sexuel et de discrimination : retour sur une difficile association, *LPA* 2012, p. 6.
- PARIZOT (R.), Exit le délit-tautologie de harcèlement sexuel, *LPA* 2012, p. 3.
- PLATEL (B.) et VIALA (T.), Le fabuleux destin du concept de harcèlement moral, *JCP E* 2002, n° 20, p. 762.
- POMART-NOMDÉDÉO (C.), Droit pénal et droit de la famille, les liaisons dangereuses, *Dr. famille* 2010, n° 9, étude 20.
- PY (B.), La définition du harcèlement sexuel est-elle satisfaisante ?, *Dr. trav.* 2011, p. 348.
- ROETS (D.) :
. L'inquiétante métamorphose du délit de harcèlement sexuel, *D.* 2002 p. 2059.
. Infractions sexuelles, *J.-Cl. pénal Code,* avril 2010.
- ROUMIER (W.), Le délit de harcèlement sexuel rétabli par la loi, *Dr. pénal* 2012, alerte 41.
- VALAT (J.-P.) :
. Appels téléphoniques malveillants, *J.-Cl. pénal Code*, nov. 2004.
. Violences, *J.-Cl. pénal Code*, août 2010, fasc. 10.
- VIOTTOLO (A.), Le harcèlement sexuel dans les relations de travail - La spécificité française confrontée au droit communautaire, *JCP E* 2003, n° 32, p. 1324.

IV. Commentaires et notes de jurisprudence

- CHARBONNEAU (C.), note sous Soc. 3 nov. 2005, n° 03-46.839, Bull. soc. n° 269 ; *CSBP* 2006, n° 177, p. 68 s., Effet relatif du pénal sur le civil.
- DREYER (E.), note sous Crim. 25 janv. 2011, n° 10-82.730, *Gaz. Pal.* 2011, n° 104, p. 13.
- LEBORGNE-INGELAERE (C.), note sous Crim. 24 mai 2011, n° 10-87.100, *JCP E* 2011, n° 43, p. 52 s., Précisions sur le délit de harcèlement moral.
- MARECHAL (J.-Y.), note sous Crim. 4 mars 2003, n° 02-86.172, *JCP G* 2003. II. 10112, Harcèlement téléphonique : quand la perversité devient malveillance.

- MARON (A.) et HAAS (M.), note sous Crim. 6 déc. 2011, n° 10-82.266, *Dr. pénal* 2012, comm. 26.
- MAYAUD (Y.), notes sous :
. Crim. 26 fév. 2002, n° 01-83.545, *RSC* 2002. 591, La notion de réitération en droit pénal spécial : l'exemple des menaces.
. Crim. 4 mars 2003, n° 02-86.172, *RSC* 2003. 788, Malveillance téléphonique et surveillance de la Cour de cassation
- MISTRETTA (P.), comm. sous :
- CA Lyon, 4e ch., 26 nov. 1998, *JCP G* 1999, n° 35, II. 10145, Harcèlement sexuel : pincer et chatouiller, c'est harceler.
- Crim. 6 déc. 2011, n° 10-82.266, *JCP G* 2012, n° 14, p. 672.
- NERAC (P.), comm. sur CA Pau, 22 oct. 1997, n° 645-97, *LPA* 1998, n° 92, p. 23, Agressions sexuelles : « jeux de main, jeux de vilain, mais toucher n'est pas harceler ».
- ROULET (V.), note sous Cons. const. déc. 4 mai 2012, n° 2012-240 QPC, *JCP S* 2012, n° 24, p. 28.
- SAAS (C.), comm. sur TGI Nantes, 18 mai 2006, *AJ pénal* 2007, p. 376, Le harcèlement moral gagne en précision !
- VERON (M.), notes sous :
. Crim. 10 nov. 2004, n° 03-87.986, *Dr. pénal* 2005, comm. 53, Harcèlement ou atteinte : comment choisir ?
. Crim. 21 juin 2005, n° 04-86.936, *Dr. pénal* 2005, comm. 157, Le maire harcèle la secrétaire de mairie.
. Crim. 24 oct. 2007, n° 07-83.726, *Dr. pénal* 2008, n° 2, comm. 19, La réitération des menaces dans le temps et dans l'espace.
- CA Toulouse, 3e ch., 21 oct. 2008, *Dr. pénal* 2009, n° 2, comm. 19, Menaces réitérées, mais envers plusieurs victimes distinctes.
- Crim. 25 nov. 2008, n° 08-81.727, *Dr. pénal* 2009, comm. 30, Le « cantonnement » dans un poste pénible.
- Crim. 30 sept. 2009, n° 09-80.971, *Dr. pénal* 2009, comm. 149, Le comportement de l'employeur doublement punissable.
- Crim. 18 janv. 2011, n° 10-83.389, *Dr. pénal* 2011, n° 4, comm. 47, La qualité des faits plus que la quantité des victimes.
- Crim. 24 mai 2011, n° 10-87.100, *Dr. pénal* 2011, comm. 118, Actes répétés ayant pour effet la dégradation des conditions de travail.
- Crim. 6 déc. 2011, n° 10-82.266, *Dr. pénal* 2012, comm. 47, Ne pas ajouter à la loi des conditions qu'elle ne comporte pas.
- Crim. 17 janv. 2012, n° 11-81.756, *Dr. pénal* 2012, n° 5, comm. 66, Appels téléphoniques et menaces réitérés.

- Crim. 29 fév. 2012, n° 11-85.377, *Dr. pénal* 2012, comm. 48, Définition insuffisamment claire et précise des actes incriminés.
- Cons. const. déc. 4 mai 2012, n° 2012-240 QPC, *Dr. pénal* 2012, comm. 83, La création d'un vide juridique ?

Index
(les chiffres renvoient aux numéros de paragraphe)

Table des matières

Questions juridiques aux éditions L'Harmattan

Dernières parutions

DÉPLACEMENTS (LES) DE POPULATION DUS AU CHANGEMENT CLIMATIQUE
Mayoussier Amélie
Le changement climatique exacerbe les phénomènes extrêmes avec des conséquences directes sur les conditions de vie, la santé et le bien-être des individus. Face à la multitude des scénarii de violations des droits de l'homme, il devient urgent de trouver des solutions juridiques aux problèmes des déplacements de population engendrés par ces perturbations.
(14.00 euros, 128 p.)
ISBN : 978-2-336-00704-5, ISBN EBOOK : 978-2-296-53151-2

RECHERCHES SUR LA DOCTRINE DE L'ADMINISTRATION
Tamzini Wafa - Préface de Maryse Deguergue
Il faut distinguer la doctrine de l'administration de son expression, traduite par des doctrines administratives. La doctrine élaborée par l'administration n'est pas toujours publiée et sa publication ne signifie pas qu'elle soit correctement diffusée. Une doctrine publiée ne signifie pas pour autant la possibilité de l'invoquer lors d'une instance. Le seul critère d'identification d'une doctrine administrative est en fait celui de la présence ou non d'une interprétation administrative.
(Coll. Logiques Juridiques, 55.00 euros, 690 p.)
ISBN : 978-2-336-29052-2, ISBN EBOOK : 978-2-296-53219-9

GERTI HESSELING – À l'ombre du droit
Actes du colloque de l'UFR Sciences Juridiques et Politiques de l'université de Saint-Louis des 15 et 16 décembre
Sous la direction de Mouhamadou Moustapha Aïdara
Le professeur Gerti-Hesseling a contribué de manière significative à l'enrichissement de la science juridique et politique africaine et à la promotion de l'enseignement supérieur en Afrique. Ce livre collectif qui lui rend hommage réunit quatre thèmes majeurs : droit foncier et gestion des ressources naturelles ; droits humains, paix et développement ; urbanisme et aménagement du territoire ; pouvoir, droit et démocratie.
(25.00 euros, 248 p.)
ISBN : 978-2-336-00056-5, ISBN EBOOK : 978-2-296-53183-3

RÉGIME (LE) JURIDIQUE DES ASSOCIATIONS EN DROIT PUBLIC CAMEROUNAIS
Keutcha Tchapnga Célestin - Préface du professeur Alain Ondoua
L'ensemble législatif donne aux règles applicables en matière d'association un visage dominé par le souci de préserver à la fois l'intérêt général et l'ordre public, de favoriser le développement économique, culturel, social et de promouvoir davantage les droits et libertés. Comment le législateur a-t-il résolu ces différentes préoccupations, difficilement conciliables entre elles ?
(Coll. Harmattan Cameroun, 21.00 euros, 202 p.)
ISBN : 978-2-343-00225-5, ISBN EBOOK : 978-2-296-53218-2

PRÉSERVATION (LA) DES ARCHIVES PRIVÉES ET L'INTÉRÊT PUBLIC
Mutations et ruptures
Sous la direction de Marie Cornu et Jérôme Fromageau
Le thème de l'avenir des archives en Europe soulève plusieurs séries de questions. D'abord se pose la question de l'espace pertinent dans lequel se déploient les politiques publiques en matières

d'archives et plus spécialement du rôle des entités locales en la matière. Puis viennent en débat les conditions d'accès et de communication des documents publics. Ces différents points sont ici abordés dans plusieurs systèmes (droit belge, italien, français) et dans une perspective européenne et internationale.
(Coll. Droit du Patrimoine culturel et naturel, 17.50 euros, 164 p.)
ISBN : 978-2-336-29102-4, ISBN EBOOK : 978-2-296-51685-4

«JUDICIARISATION» (LA) DES OPÉRATIONS MILITAIRES – Thémis et Athéna
Barthélémy Christophe - Préface du Général Henri Bentégeat
«L'art de la guerre» est régi par des règles qui lui sont propres. Mais le droit des conflits armés est désormais happé par le droit commun. Depuis la Révolution, les armées sont à la fois l'outil de l'État et l'incarnation de la Nation. Le surgissement de la procédure pénale dans l'univers des opérations révèle le décalage entre les exigences de l'état militaire et celles de la société civile contemporaine. Cet essai en examine les causes et les conséquences.
(27.00 euros, 274 p.)
ISBN : 978-2-336-00534-8, ISBN EBOOK : 978-2-296-51445-4

RÉFORME (LA) DE LA GARDE À VUE
Sous la direction de Christine Courtin
Les contributions ici réunies apportent un éclairage à la fois théorique et pratique sur la réforme de la garde à vue. Cette phase, cruciale dans le cadre du procès pénal, illustre toute la difficulté qu'il peut y avoir à concilier en la matière des intérêts antagonistes : d'une part, les intérêts de la société qui exigent la nécessaire recherche des auteurs d'infractions et, d'autre part, la protection des droits de la personne privée de sa liberté.
(Coll. Droit privé et sciences criminelles, 14.50 euros, 124 p.)
ISBN : 978-2-336-29003-4, ISBN EBOOK : 978-2-296-51230-6

QUESTION (LA) PRIORITAIRE DE CONSTITUTIONNALITÉ
Belloir Philippe
Depuis le 1er mars 2010, tout justiciable peut soutenir, à l'occasion d'un procès, lorsqu'une disposition législative porte atteinte aux droits et libertés que la Constitution garantit, une question prioritaire de constitutionnalité (QPC). Cet ouvrage examine cette nouvelle voie de droit en adoptant un plan calqué sur le déroulement de la QPC. Il est un guide juridique indispensable pour comprendre et mettre en oeuvre ce droit pour les professionnels et les justiciables.
(Coll. La justice au quotidien, 13.50 euros, 120 p.)
ISBN : 978-2-336-29011-9, ISBN EBOOK : 978-2-296-51339-6

SOCIÉTÉS ET ÉTABLISSEMENTS STABLES EN DROIT FISCAL INTERNATIONAL ET DE L'UNION EUROPÉENNE
Riu Isabelle - Préface de Daniel Gutmann
La forme juridique d'exercice d'une activité est particulièrement importante dans le cadre d'activités transfrontalières : le choix de la structure d'implantation n'est pas neutre au regard des impôts directs en droit interne, en droit fiscal international et en droit de l'Union européenne. Cette approche met en évidence les difficultés d'harmonisation des impôts directs au sein de l'UE et ouvre une réflexion sur les liens entre le territoire et l'imposition des activités.
(Coll. Finances publiques, 48.00 euros, 536 p.)
ISBN : 978-2-336-00595-9, ISBN EBOOK : 978-2-296-51370-9

SÉCURITÉ, LIBERTÉS ET LÉGISTIQUE – Autour du Code de la sécurité intérieure
Sous la direction de Pascal Mbongo et Xavier Latour
Le Code de la sécurité intérieure français est ici envisagé comme un miroir de l'autorité publique et de l'État de droit au début du XXIe siècle. Ce livre plaide en faveur d'une plus grande figuration académique du droit public de la sécurité intérieure et de la police vis-à-vis du droit répressif, pour apporter de la sécurité aux sciences juridiques.
(Coll. Logiques Juridiques, 27.50 euros, 278 p.)
ISBN : 978-2-336-29070-6, ISBN EBOOK : 978-2-296-51271-9

SEXUALITÉ, LIBERTINAGE, ÉCHANGISME ET DROIT

Delga Jacques

Le Droit européen a aboli notre morale sexuelle et religieuse pour la laïcité, entraînant une perte de repères. L'ouvrage en explique les raisons. Après une étude sociologique sur la sexualité, l'échangisme et le libertinage, un examen juridique du fondement actuel de notre droit, de ce qui est autorisé et interdit en matière de libertinage est présenté. Suit une recherche sur la situation juridique des clubs échangistes et de leurs exploitants.

(31.00 euros, 300 p.)

ISBN : 978-2-336-00834-9, ISBN EBOOK : 978-2-296-51349-5

DOUANE (LA) AU COEUR DE LA STRATÉGIE INTERNATIONALE DES ENTREPRISES – Du contrôle au partenariat

Hyeans Andy

Depuis le 11 septembre 2001, l'administration des douanes doit faciliter les échanges dans un monde ultracompétitif tout en les contrôlant dans un monde dangereux où la moindre faille de sécurité peut être exploitée. Ce livre présente les mutations engagées par les douanes et leurs conséquences. Il propose aussi des préconisations pour en tirer profit dans une stratégie d'entreprise et en faire un avantage concurrentiel.

(Coll. Logiques Juridiques, 28.00 euros, 274 p.)

ISBN : 978-2-336-29019-5, ISBN EBOOK : 978-2-296-51394-5

RÉGIONALISME ITALIEN ET RÉGIONALISME FRANÇAIS

Aspects constitutionnels, administratifs et fiscaux

Sous la direction de Alberto Lucarelli et Michel Verpeaux

La France et l'Italie, pays considérés comme unitaires, reconnaissent aux régions des pouvoirs locaux. Pourtant les régionalismes de ces pays sont fort éloignés, tant du point de vue constitutionnel, administratif que fiscal. La comparaison est riche d'enseignements : l'Italie rencontre des difficultés quant à la place respective de l'Etat et des régions ; en France, les régions ne disposent pas encore de compétences à la mesure de leurs territoires.

(Coll. Logiques Juridiques, 22.00 euros, 222 p.)

ISBN : 978-2-336-00337-5, ISBN EBOOK : 978-2-296-51219-1

PROTECTION (LA) DU LOCATAIRE-GÉRANT EN DROIT OHADA

Muberankiko Gervais

Dans le domaine des affaires, certaines personnes sont obligées de recourir à la location-gérance. La question qui se pose est d'apprécier la protection que le droit OHADA a prévue pour le locataire-gérant qui exploite le fonds d'autrui. Dans ce cadre, le législateur a prévu certaines mesures protectrices du locataire-gérant, mais ces mesures sont insuffisantes, malgré la révision de l'acte uniforme OHADA portant droit commercial général en décembre 2010.

(Coll. Etudes africaines, 14.00 euros, 130 p.)

ISBN : 978-2-336-00913-1, ISBN EBOOK : 978-2-296-51514-7

HARCÈLEMENT MORAL DANS LA VIE PRIVÉE

Une guerre qui ne dit pas son nom

Pourquoi la loi sur la violence psychologique et le harcèlement moral dans la vie privée n'est-elle pas appliquée ?

Hincker Laurent

La violence physique dans les familles est toujours précédée d'une violence psychologique. Il s'agit bien d'une guerre qui ne dit pas son nom. Violences psychologiques, harcèlement moral, qui tuent à petit feu, la question de la violence dans la vie privée est au cœur de notre vivre-ensemble. La réflexion de l'auteur se déploie dans une démarche visionnaire d'anthropologue juridique, démarche qui cherche à comprendre les enjeux humains et sociaux dans les fondements du droit.

(Coll. Antidotes, 20.00 euros, 18 p.)

ISBN : 978-2-336-00245-3, ISBN EBOOK : 978-2-296-51183-5

MÉDIATION PÉNALE (Nouvelle édition)
Mbanzoulou Paul
La médiation pénale permet d'apporter une réponse judiciaire globale face à la petite et moyenne délinquance sans déclencher le processus pénal classique, grâce à la proposition d'une solution transactionnelle entre l'auteur des faits et sa victime. A jour des dernières évolutions législatives et réglementaires, cet ouvrage questionne le cadre de la médiation pénale en France.
(Coll. Sciences criminelles, 13.50 euros, 120 p.)
ISBN : 978-2-336-00474-7, ISBN EBOOK : 978-2-296-51202-3

JURÉ D'ASSISES – Témoignage d'une expérience citoyenne et humaine
Abadie Pierre-Marie
Ce livre retrace, à partir d'une expérience personnelle, le vécu d'un juré d'assises. Entre les deux séquences, l'ouvrage décrit la liturgie d'un procès telle que la vit un juré au travers de ses droits et devoirs. Il fait ressortir aussi l'expérience humaine que constitue la vie en vase clos d'un jury avec les phénomènes de groupe qui l'accompagnent. Il insiste, enfin, sur les paramètres qui génèrent et conditionnent « l'intime conviction ».
(Coll. La justice au quotidien, 12.00 euros, 90 p.)
ISBN : 978-2-336-29000-3, ISBN EBOOK : 978-2-296-51201-6

DROIT INTERNATIONAL HUMANITAIRE
Owona Joseph
En ce début de XXIe siècle, une portion du droit international public consacrée à la défense de la dignité de l'homme est arrivée à maturation. L'Afrique a fait réception de ce droit international humanitaire dans sa quintessence, tout en l'adaptant en ce qui concerne les problèmes particuliers du mercenariat et des réfugiés. Ce livre initie au droit international humanitaire en général et dévoile ses particularités africaines.
(22.50 euros, 216 p.)
ISBN : 978-2-336-00123-4, ISBN EBOOK : 978-2-296-51171-2

COMMERCE ET INTERNET. COMPRENDRE LES RÈGLES JURIDIQUES
Benarab Armel
Cet ouvrage explique clairement les règles juridiques concernant l'e-commerce afin de les rendre compréhensibles et accessibles à tous. Consommateurs et commerçants trouveront des réponses précises aux interrogations suscitées par les principales opérations contractuelles : droits liés aux achats sur Internet, réglementation en vigueur pour protéger une marque ou un produit... chacun pourra ainsi tirer meilleur profit d'Internet.
(15.00 euros, 136 p.) *ISBN : 978-2-336-00496-9, ISBN EBOOK : 978-2-296-50961-0*

QU'EST-CE QUE PUNIR ? – Du châtiment à l'hypersurveillance
Ferry Tony
Qu'est-ce que punir ? Quels sont les traits distinctifs des mesures de placement sous surveillance électronique par rapport au geste classique de l'emprisonnement ? Ce livre jette un pont entre théorie et pratique, recherche fondamentale et expérience professionnelle. Il s'inscrit dans une démarche de pensée libre qui tend à comprendre et à discuter le monde des pénalités d'aujourd'hui. Et ce qu'il dessine n'est autre que l'avènement de l'hypersurveillance.
(Coll. Questions contemporaines, 26.50 euros, 256 p.)
ISBN : 978-2-336-00615-4, ISBN EBOOK : 978-2-296-50802-6

L'HARMATTAN ITALIA
Via Degli Artisti 15; 10124 Torino

L'HARMATTAN HONGRIE
Könyvesbolt ; Kossuth L. u. 14-16
1053 Budapest

L'HARMATTAN KINSHASA
185, avenue Nyangwe
Commune de Lingwala
Kinshasa, R.D. Congo
(00243) 998697603 ou (00243) 999229662

L'HARMATTAN CONGO
67, av. E. P. Lumumba
Bât. – Congo Pharmacie (Bib. Nat.)
BP2874 Brazzaville
harmattan.congo@yahoo.fr

L'HARMATTAN GUINÉE
Almamya Rue KA 028, en face du restaurant Le Cèdre
OKB agency BP 3470 Conakry
(00224) 60 20 85 08
harmattanguinee@yahoo.fr

L'HARMATTAN CAMEROUN
BP 11486
Face à la SNI, immeuble Don Bosco
Yaoundé
(00237) 99 76 61 66
harmattancam@yahoo.fr

L'HARMATTAN CÔTE D'IVOIRE
Résidence Karl / cité des arts
Abidjan-Cocody 03 BP 1588 Abidjan 03
(00225) 05 77 87 31
etien_nda@yahoo.fr

L'HARMATTAN MAURITANIE
Espace El Kettab du livre francophone
N° 472 avenue du Palais des Congrès
BP 316 Nouakchott
(00222) 63 25 980

L'HARMATTAN SÉNÉGAL
« Villa Rose », rue de Diourbel X G, Point E
BP 45034 Dakar FANN
(00221) 33 825 98 58 / 77 242 25 08
senharmattan@gmail.com

L'HARMATTAN TOGO
1771, Bd du 13 janvier
BP 414 Lomé
Tél : 00 228 2201792
gerry@taama.net

Achevé d'imprimer par Corlet Numérique - 14110 Condé-sur-Noireau
N° d'Imprimeur : 102352 - Dépôt légal : octobre 2013 - *Imprimé en France*